岡　山　文　庫

299

岡山の銀行
―合併・淘汰の150年―

猪木正実　著

日本文教出版株式会社

岡山文庫・刊行のことば

岡山県は古く大和や北九州とともに、吉備の国として二千年の歴史をもち、遠くはるかな歴史の曙から、私たちの祖先の奮励とそして私たちの努力とによって、現在の強力な産業県へと飛躍的な発展を遂げております。

小社は創立十五周年にあたる昭和三十八年、このような歴史と発展をもつ古くして新しい岡山県のすべてを、〝岡山文庫〟（会員頒布）として逐次刊行する企画を樹て、翌三十九年から刊行を開始いたしました。

以来、県内各方面の学究、実践活動家の協力を得て、岡山県の自然と文化のあらゆる分野の、様々な主題と取り組んで刊行を進めております。

郷土生活の裡に営々と築かれた文化は、近年、急速な近代化の波をうけて変貌を余儀なくされていますが、このような時代であればこそ、私たちは郷土認識の確かな視座が必要なのだと思います。

岡山文庫は、各巻ではテーマ別、全巻を通すと、壮大な岡山県のすべてにわたる百科事典の構想をもち、その約50％を写真と図版にあてるよう留意し、岡山県の全体像を立体的にとらえる、ユニークな郷土事典をめざしています。

岡山県人のみならず、地方文化に興味をお寄せの方々の良き伴侶とならんことを請い願う次第です。

はじめに

「命の次に大事なものは何か」という質問がよくある。人それぞれだが、答えに「お金」というのが結構ある。そのお金を扱っているのが銀行である。

しかし、一口に「銀行」といっても、昔と現在とでは、役割も性格も大きく変容している。その変わり様はまさに激動で、そこにうごめくお金を巡る欲得の人間模様も百態である。岡山の金融と銀行の歩みを追った。

日本ではじめて銀行という言葉が使われ始めたのは明治時代初期から。明治維新政府は明治五年(一八七二)、国立銀行条例を発布した。ここに銀行という言葉が公式に登場する。英語の「BANK」を日本語に翻訳したものだ。

BANKとは何か。この語源はイタリア語の「BANCO」にあるという。つまり、十二世紀ごろ、世界の貿易の中心地であった北イタリアの両替商たちが使っていた長机・肘掛イスのことをBANCOといい、それが変じてBANKになったというわけ。

長机は緑色の布で覆われており、両替商はその机の上で取引をした。そこから、同様の業務は「座っているだけで金が儲かる」うまい商売だとされたとか。

日本では、アメリカの「ナショナルバンク」が手本にされた。ナショナルを国と翻訳し、バンクは為替やお金を扱う業務だから「金」でよい。そして、中国語で「行」は商売を意味する言葉。そこで当時日本は銀本位制だったこともあり「金行」より「銀行」の方がゴロも良いとして「国立銀行」とのネーミングとなったという。渋沢栄一の命名説もある。

これらの説はどうも俗説とされるものが多い。また、国立とはいっても国営といったものではなく、純然たる民間の銀行である。

岡山の銀行を語る場合、特筆される四巨頭がいる。

日本銀行副総裁として大正時代を中心に激動期の日本の金融を取り仕切った矢掛出身の木村清四郎。

当初はあまり銀行業に関心を示さなかったものの第一合同銀行創立時あたりから熱意をたぎらせ、中国銀行の基礎をつくりあげた大原孫三郎。

その孫三郎の薫陶を受けて自主健全経営を徹底、中国銀行を全国有数の優良銀行に育て上げた「一以貫之」の守分十。

そして、最終的には主導権を得られなかったものの県北では絶大な信用力を背景に金融界を常にリードしてきた土居通博。

これら四巨頭の足跡をたどり、岡山の金融界で果たしてきた役割や功績を考えてみる。

江戸時代、お金の貸し借りは、大名レベルでは大商人による大名貸、一般の商人や武士レベルでの高利貸、庶民レベルでの講（頼母子講など）と、広く行われてきた。それが明治維新以降、近代的な銀行という形に移行していく。明治初期に国立銀行が全国的に設立され、次いで私立銀行設立ブームとなり、それが明治三十四年の金融恐慌で淘汰され、昭和初期の世界恐慌でもう一段整理され、戦時体制に入り、同二十年の敗戦を迎える。

戦後は、新しい経済社会体制下での復興期を経て、高度成長を支え、バブル経済まで持っていく。護送船団方式という行政指導である。以降は国際化、自由化で金融再編に突入していく。この流れは、岡山の銀行界に限った事ではなく全国レベルと同様である。

とはいいながら、一口に金融といっても広い意味では、銀行を筆頭に証券、保険、さらには郵便貯金、農協金融等も含まれる。これではあまりにも広範に及び過ぎるため、本誌では狭い意味での金融、つまりもっとも中核となる銀行、信用金庫、信用組合などに焦点を絞って考えてみた。

明治、大正、昭和、そしてバブル崩壊の平成時代へ。岡山の銀行（金融界）の歩みを追った。

目次○岡山の銀行―合併・淘汰の150年―

第三部　**金融戦争の実態**

カバー：写真レイアウト／矢本奈央
扉：元妹尾銀行林野支店（現・美作歴史資料館、美作市）
　大正10年建設、昭和59年まで中国銀行林野支店として使用。ルネサンス様式で優美かつ風格を感じさせる歴史遺産

第一部

岡山の金融界を動かした男たち

大原美術館に寄贈された元第一合同銀行倉敷支店。設計は薬師寺主計。大正11年完成。平成まで中国銀行倉敷本町支店として使われた。ルネサンス様式の建物で貴重な文化財。

第一章　日本銀行副総裁・木村清四郎

「日銀の木村か、木村の日銀か」岡山が生んだ事実上の総裁

木《き》村《むら》清《せい》四《し》郎《ろう》は、岡山・矢掛が生んだ偉大な金融マンである。日本銀行副総裁として戦争、恐慌、震災など大正の大激動期の国家の金融を取り仕切り、日本の近代化に大きく貢献。地元に対しても、日本銀行岡山支店の開設や中国銀行の創設に深くかかわり、旧制矢掛中学の設立にも尽力している。

岡山県小田郡矢掛町の県立矢掛高校の西側手に、ネバーランドやかげ児童遊園がある。その一角にひっそりと胸像が立っている。標識柱に「木村清四郎翁像」とある。この胸像の主こそ、大正時代後期に日本銀行副総裁を務め、「日銀の木村か、木村の日銀か」とまで評された木村清四郎その人なのである。

そこは、木村公園とも呼ばれており、昭和十一年（一九三六）十月、故木村清四郎翁建像頌徳会が故人の顕彰を目的に銅像を建設し小公園として整備した。しかし、肝心の像の方は、太平洋

戦争中、金属供出で取られてしまった。その後、一時備前焼の像で代用、現在の像は平成九年に再建されたもので「どうも似ていない」と評判は今一つだが、ともかく三代目の清四郎像である。

昭和十一年十月二十四日の銅像除幕式で、当時、中国銀行頭取だった大原孫三郎は、頌徳会顧問で除幕式委員長として祭文を読みあげている。

要約すると―

「翁は有徳の君子である。初めは言論をもって一世を指導し、後は要職にあって皇室国家の財務を按排《あんばい》にし、権勢富貴にへつらわず、終始一貫身を財界に捧げ、至誠をもって国家の興隆を翼賛せられた清節功業は千載を重ねて没すべからず」。

このような場だけに、過大な表現は多少あるとはいえ、木村の評価の高さが伝わってくる。木村の存在がなければ、孫三郎の成功も中国銀行の存立も、ちょっと怪しくなってくるとの見方もできないことはない。

●矢掛に生まれ上京、経済の実際に関し深く考究

木村が生まれたのは、明治維新の直前、文久元年（一八六一）六月五日。備中国小田郡

並みの副総裁ではなかった木村清四郎
（大正10年4月撮影、61歳）

晩年の木村清四郎
貴族院議員当時のもの
と思われる（昭和初期）

木村公園と木村清四郎翁像（小田郡矢掛町）
桜御影の石組みの堂々たるもの。中央に木村の像。最初は胸像と大原孫三郎撰の略伝銅版が付いていたが戦中に供出となり、現在の像は3代目。
「〝噫〞（ああ）木村清四郎翁」とある。

木村が活躍した
「中外商業新報」
明治20年代末とみられる。木村は言論人として新聞社経営者として一流だった。中外商業新報は日本経済新聞の前身。

大正時代の日本銀行本店

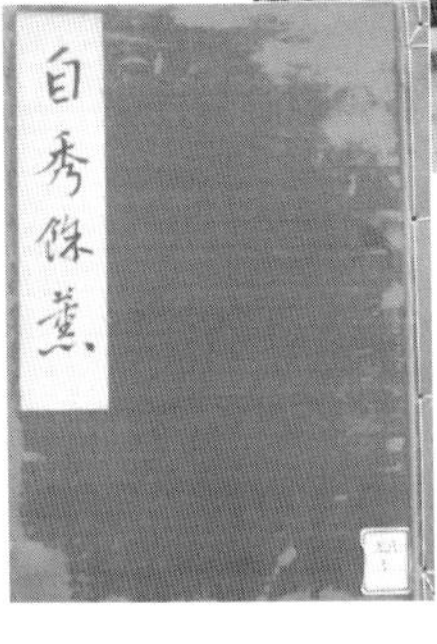

木村清四郎の功績を綴った「自秀餘薫」
（昭和11年発刊）

三谷村横谷（現・小田郡矢掛町）で、木村勘吉の長男として生をうけた。同所は、山陽街道の矢掛宿に近く、幕末、明治維新の激動の嵐が行き交った土地柄。そのような中で多感な少年期を過ごしたものとみられる。

「幼少のころから向学の志篤く」、地元の陶小学校の雇教員を二年程務めた後、「開進の学を修めんとして」明治十一年（一八七八）秋上京、明治義塾に入り、更に福沢諭吉の慶應義塾に学び、同十六年、二十三歳で卒業している。

その間の学び方が面白い。明治の初中期といえば、文明開化、新しい政治・社会を目指して、新鋭の青年たちが東京に集い談論風発のご時世である。木村の同学の同志には、犬養毅、尾崎行雄らがいた。

犬養、尾崎らが、政治書を読みあさり東西政治家の伝記を愛読、政治や時勢を論じあっているのに対し、木村は「全く志望を異にし実業をもって身を立てんとし絶えず経済書をひもときて商務の研究に従い金融の消長に専念せり」。そして「素志を貫徹せんとして」、当時の経済新聞社といえる商況社に入社するのである。

この商況社は、現在の日本経済新聞社の源流ともいえるもので、河野呈甫主幹のもとで

「中外物価新報」の編集に携わった。木村はここで「経済の実際に関して深く攻究」し、時期の到来を信じて熱心に業務に専念したのだという。

しかし、経済紙の経営は芳しくなく、同十八年（一八八五）、河野に代わって主幹となり同社の経営を引きうけている。その後、週刊だった同紙を日刊とし、題号も「中外商業新報」と改め、経営に全力投球。その甲斐あって、経営が改善、経済紙としての地位を確立するまでに育てている。経済記者としても、新聞経営者としても一流の新聞人である。

この期間の経済人や政治家、官僚などとの交流が、日本銀行に入ってから木村の力強い財産になったよう。

●新聞人から岩崎彌之助に請われて日銀入り、二度も総裁候補に

木村が、日本銀行に転じたのは明治三十年（一八九七）である。歳は三十七歳。時の日銀総裁、岩崎彌之助に「その博識と才能を見いだされ」日銀に入った。岩崎は、三菱財閥の創業者で初代総帥の岩崎彌太郎の弟にあたり、当時、四代目の日銀総裁だった。ここから木村の約三十年におよぶ、金融人としての人生がスタートする。

主な経歴は、三十九歳で副支配役、秘書役を経て四十二歳で営業局長、明治三十九年理事となり大正八年三月副総裁。理事は十二年間、副総裁は大正十五年十一月まで約七年間在職している。

木村研究の第一人者である田中生夫（元岡山大学教授、故人）によると、木村は二回、総裁候補に挙がっている。第一回目は大正八年、高橋是清蔵相は「木村総裁、井上準之助副総裁」案を提示したが、時の首相、原敬は「井上総裁、木村副総裁」とひっくり返した。つぎは当の井上総裁の後任人事で、総裁候補に推薦されたものの、そのときも市来乙彦総裁になってしまった。

二回も総裁の眼が消えた木村だったが、日本銀行内では「日銀王国に人事、事務一切を切りまわし、全国の金融界に号令する事実上の総裁」（「財づる物語」）だったという。性格的には「円満無碍《むがい》、内外百般の経済事情に通じ、事の判断に当たっては大局を誤らず、老練な事務家」（同）らしかった。

●第一合同銀行、中国銀行の創立を強力にバックアップ

岡山県内銀行の初の大合同となった第一合同銀行の創立には、木村は副総裁就任直前から関わっている。これには、当時倉敷銀行頭取だった大原孫三郎が先導的役割を果たしている。倉敷銀行、茶屋町銀行、天満屋銀行など六行合併による第一合同銀行は、大正八年九月創立された。地方銀行の合併による規模拡大、体質強化は、当時の政府、日銀の政策課題となっており、この合併は「地方的大合同の先駆」とまで評価された。

木村としても、重要課題として取り組んだのだろう。大原との関係もこのあたりから深まったといえる。

岡山県内を二分していた第一合同銀行と山陽銀行（津山市、土居通博頭取）の大合併による中国銀行の創立は、昭和五年（一九三〇）十二月である。木村は副総裁を辞した後だが、大蔵省次官らのトップと共に、中心的働きをしている。

この場合は、両行とも同二年の恐慌の影響を色濃く引きずり、「両行とも瀕死の重態」（日本銀行岡山支店長）の中での合併交渉だっただけに、一歩間違えばすべてが破綻とい

う環境下、木村でなければ成しえなかった合併劇だろう。

さらに、同七年（一九三二）。創立二年目を迎えていた中国銀行は、最大のピンチを迎えていた。木村はまだ影響力を十分残していた。

同六年ころから、金融恐慌の余波を残していたところへ、不良債権整理問題が表面化してきた。不況により預金が増えないうえに貸出金も低迷、内容不良、業績不安が明らかになり、緩慢な取付け状態にまでなっていた。もう経営破綻の一歩手前である。大原も、さすが前後二週間ほど「夜の目も寝ずに苦悩し続けた」そうである。

万事窮して日本銀行に泣きつき、幸いにも特別融資を引き出すことができ当面の危機を乗り切った。さらに二カ月後にも追加の特別融資をしてもらっている。木村の尽力ははかりしれない。この手厚い指導と援助がなかったら、孫三郎も中国銀行も、破たんしていただろう。

また、日本銀行の岡山支店は、大正十一年四月開設されている。開業披露は三月二十九日、副総裁の木村がみずから出席して開かれた。銀行代表として第一合同銀行頭取だった大原や県知事、師団長、各郡市長らが招待され、賑やかに開店を祝った。

地元からの熱望をうけて副総裁職にあった木村が誘致の推進役を担ったのである。

●大正期の日本の金融行政を大過なく取り仕切る

木村の出身は、現在の小田郡矢掛町である。ここに旧制の矢掛中学が開校したのは、明治三十五年（一九〇二）四月である。当時、県立中学は、岡山、津山、高梁の三校があり、県下四番目の中学となった。

設立にあたっての木村は「矢掛町設置に文部省の腹を決めさせた功労者」といわれている。当時、日本銀行営業局長職にあった木村は文部省に働きかけ、設置内定にこぎつけた。しかし、今度は地元の岡山県内で倉敷や笠岡、玉島などを巻き込んで誘致合戦が過熱、県議会が混乱してしまった。

そこで、時の県知事、檜垣直右は伝家の宝刀たる「原案執行権」（県議会が否決しても内務省の認可があれば原案通り執行できる）を行使、矢掛設置を決めたという。その他、横谷小学校の増築など、地元への貢献も多く郷土愛は人一倍だった。旧制矢掛中学の校門前に木村公園が造られたのも、当然の流れかもしれない。

こうして木村は、大正十五年（一九二六）十一月病気を理由に副総裁を辞任する。一度も総裁職に就くことはなかった。辞任の背景を問われた木村は、郷里の親友だった守屋松之助に当てた書簡でその心境をつぎのように綴っている。

「在職三十年間、日清戦後始末日露戦争欧州戦争尋で世界戦争となり、近くは十二年の大震災と内外重大事件続出し、その間至誠一貫世人の知らざる奮闘努力を為し、中央銀行をして兎に角大過なからしめ、其本文を尽さしめたるに就ては勇退して更に人間らしき事を為さんと思ひ辞任を申し出し」。

最後に「大原孫三郎氏にもよろしく」と添え書きしている。（田中生夫著「井上準之助小論」、守屋松之助編「自秀餘薫」）

時の政府が金解禁に向けて動き出している時だっただけに、時期尚早論を唱えていた木村としては、身を引く潮時だと決断したのかもしれない。

この辞任に対し時の政府は、同年勲二等、同二年貴族院議員に推挙、木村の辞任に「総裁と同等の対応」をして報いた。以降、木村は貴族院議員としても隠然たる影響力を保ちながら、同九年（一九三四）九月九日、逝去した。七十四歳だった。

第二章　中国銀行初代頭取・大原孫三郎

岡山県の金融界をリード、合併・再編で中国銀行を創立

大原孫三郎《おおはらまごさぶろう》は、理想主義経営を掲げ、それを実践した日本を代表する革新的実業家である。本業の繊維産業（倉敷紡績）のほか、社会貢献（倉敷中央病院、中国民報など）や文化事業（大原美術館など）に偉大な足跡を残し、岡山の金融界でも、第一合同銀行や中国銀行の創立など、常に県下業界を中心的にリードしてきた。

『わしの眼は十年先が見える』（城山三郎著）という洞察力を誇ったものの、その一生は、放蕩三昧の青春時代から始まり、一転、石井十次らに触れ悔い改め、理想主義経営に情熱をたぎらせて没頭、終わりにあたっては「自分の仕事は失敗の連続だ」と告白するという波乱そのものの人生だった。

孫三郎は、明治十三年（一八八〇）七月二十八日、大原孝四郎・恵以夫妻の次男として、窪屋郡倉敷村に生まれている。すでに大原家は、祖父・大原壮平の時代から地方屈指

の富豪だった。

祖父や両親の喜び様は尋常ではなく、親族縁者に赤飯を配り祝宴をして誕生を祝ったという。孫三郎は一身に寵愛をうけることになり、結果は我がままいっぱいのきかん坊。五、六歳になると人一倍キカン気が強くなり、たいへんな癇癪《かんしゃく》持ち。「一たび癇癪玉を爆発させると手が付けられない」状態になるが、そこで祖父が優しい声を掛けると、従順になったとか。

父母の孫三郎に対する教育は、日常生活では質素に厳格に、剛健な気質を養うことだった。長男が早世したため、孫三郎が嫡子として育てられることになった。

●放蕩三昧のあげく石井十次らに触れ反省悔悟し天職を自覚

このように自由闊達に育った孫三郎だったが、尋常小学校時代は病弱で出席日数不足で進級できなくなり、同二十八年、西薇山校長のいた閑谷黌に転入させられた。親元を離れて十四歳での初めての寄宿舎生活である。

いじめもあったらしいが、そこで中村純一郎（後に茶屋町銀行から中国銀行へ）や、妹尾順平（後に妹尾銀行頭取）等と知り合っている。将来、孫三郎の事業を支える人材である。

しかし、性格的にコツコツ勉強するのは苦手らしく、少年雑誌を読みふけっていたという。

結局、閑谷黌は二年足らずで抜け出し、父を説得して単身上京、東京専門学校（早稲田大学の前身）に入学。十六歳になっていた。ここから東京での放蕩三昧が始まる。そこで貯まった高利貸からの借金が一万五千円、今で考えると数千万円にもなる程の大金。父の逆鱗に触れ、倉敷に連れ戻されてしまう。

十九歳になった孫三郎は同三十二年、後に孤児院をつくる社会事業家石井十次や、薬種商を営み熱心なクリスチャンだった林源十郎らと出会う。交流する中でキリスト教精神に触れ、孫三郎は最大の転機を迎える。

これまでの自己の薄志弱行を深く反省悔悟し、自己の天職を自覚。「人のために、世のために、我が財産と我が一生を捧げん」と日記に記している。ここが一生貫く孫三郎の経営哲学の原点である。

孫三郎は、その後、父・孝四郎の仕事を手伝い、同三十七年、孝四郎より家督を相続。同三十九年、孝四郎の引退に伴って二十七歳の若さで倉敷紡績社長、倉敷銀行頭取に就任している。銀行業経営の第一歩である。

孫三郎を育てた大原孝四郎

若き日の大原孫三郎

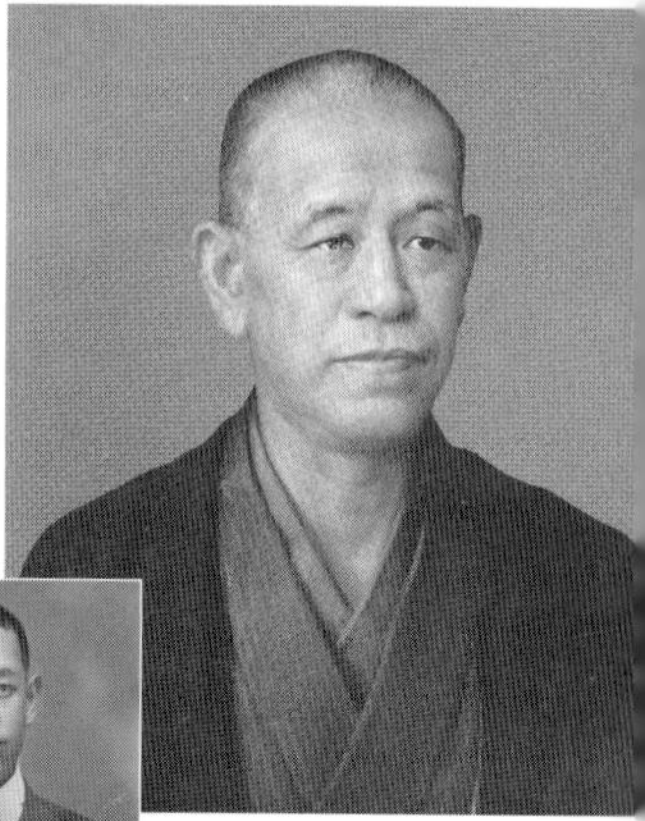

熟年の大原孫三郎

旧第一合同銀行・中國銀行本店
昭和2年5月第一合同銀行新本店として完成。設計は帰朝したばかりの薬師寺主計。施工は藤木工務店。耐震耐火構造地上3階地下1階塔屋1階。随所にヨーロッパの建築様式を採用、当時として極めて斬新。建築費は約67万円。大原頭取は当初、8階建ビル構想を持っていたが、不況下にあって叶わなかった。新本店着工の平成元年まで中国銀行本店として使われた

倉敷紡績の社長に就任するや、飯場制度の改革や寄宿舎の改善、職工教育部の設立、労務体制の改革など、次々に革新的改革を実行していったのは、知られるところ。

●「銀行は俺の性に合わぬ」と最初は経営に乗り気薄

一方、倉敷紡績が積極的経営方針で飛躍的発展を遂げているのに対し、倉敷銀行はというと旧態依然。孫三郎が掲げる理想の実行はとうてい困難と考えた様で、みずから「銀行は俺の性に合わぬ」と経営に乗り気ではなかったよう。

しかし、世間の環境が変わった。孝四郎の時代、同二十四年倉敷銀行をつくったのは「自前の銀行があれば便利」程度のことだった。それが大正時代になると、世界大戦後の好景気で紡績事業も未曾有の好況となり、資金調達の必要性から、銀行の意義が重要になってきた。倉敷紡績にとっても、ある程度の規模を持った機関銀行が必要になってきた。

地方銀行の重要性に気づいた孫三郎は、大正六年から最初の大仕事となる新しい銀行づくりといえる銀行合同（合併）に乗り出した。これが同八年九月の第一合同銀行設立につながる。

孫三郎は、ここにきてはっきりと地方銀行の存在意義と使命、必要性を悟り語るようになる。これがバンカーとしての哲学になっている。

「合併の目的は言うまでもなく小資本の分立を避け、資本の合同によりて経済界の大勢に順応せしめんとするにあり。由来、我岡山県には中心銀行なるものなく、全然県外の系統に属するか、然らずんば大阪方面の支店銀行あるのみにて、眞個に県下の産業発展を助長するに足るの機関なきは自他共に遺憾とするところなり」(中国民報)。

●頭取辞任の訓示は〝人間中国銀行〟をつくれ

大正八年の第一合同銀行設立をスタートに、昭和五年の中国銀行設立へと、孫三郎は一気に県内銀行の一県一行体制実現に向けて走りだす。その狙いは、この地元に真に産業発展を支えてくれる地元銀行をつくりあげることであり、その銀行のあるべき姿を〝人間中国銀行〟に求めたと思われる。

孫三郎が手掛けた多くの事業の中で、銀行事業は地味である。金融事業という性格もあるが、革新性も改革も平均的である。すると、最初の「銀行は俺の性に合わぬ」という言葉がよみがえってくる。

戦時体制が進んでいく昭和十五年一月、孫三郎は健康を損ね頭取を辞した。その後の中国銀行を託したのは、岡山県出身の公森太郎だった。

頭取を辞任するにあたって、孫三郎は「人間中国銀行をつくれ」とよびかけた。以下、その要旨である。

「事変はますます拡大し見通しできぬが、如何にすべきか。これに対し人間中国銀行をつくれと答えたい。それは人格者であれということである。感情に囚われず、公平で思いやりがあり、人の範たる態度、行動をする人が立派な人間と謂わるる様に人間中銀を建設して頂きたい。

根底には得意先がある。得意先の繁栄は即銀行の繁栄であり、銀行の繁栄は即得意先の繁栄である。両者を不即不離の関係にあらしめよ。これを公に主張しうるよう各自修養頂きたい。理想のない仕事には生命がない」。

この孫三郎の遺志をついでいくのが、公森であり守分十である。

孫三郎は、同十八年一月十八日、親族に見守られながら帰らぬ人となった。六十二年の華の生涯だった。

第三章　中国銀行第三代頭取・守分十

「銀行経営は難事中の難事」を〝一以貫之〟でやり遂げる

守分十《もりわけひさし》。中国銀行の第三代頭取である。昭和五十二年一月、在職のまま八十七歳でこの世を去った。頭取在位三十一年、この間、自主健全経営で全国銀行ワースト5といわれた経営内容の同行を、日本一の健全優良銀行に育てた。座右の銘は「一以貫之」（一を以て之を貫く）。

時にその厳しさから〝守分天皇〟と恐れられもしたが、内情は〝十《じゅう》さん〟と親しまれ、古武士的風格を漂わす好人物だった。その慎重堅実姿勢は、良くも悪くも中国銀行の行風、更に岡山県産業界の性格もまた、守分によって強い影響をうけたといえる。

銀行人としての守分の原点ともいわれる事件が、昭和二年四月に起こった。金融恐慌による取付け騒動である。守分は、中国銀行の前身である第一合同銀行の本店検査部長代理から、救済と合併準備のため姫路倉庫銀行（兵庫県）に派遣されたばかりだった。

関東方面で吹き荒れていた取付けは四月に入り岡山県にもおよび、第一合同銀行にも即、波及した。同行との関連で姫路倉庫銀行窓口にも取付けは押し寄せた。「金を返せ」の怒号の渦巻である。それを若き守分はじっと身震いしながら見つめていた。

後に「銀行が大衆の信を失い、見捨てられた時ほどみじめなものはない。取付けの恐ろしさはとても表現し難い。今の銀行経営者には分かるまい」と述懐している。大衆の信用を得るには銀行はどうあるべきなのか、考えを巡らせ、一つの決意を固めたのに違いない。

●孫三郎に請われて破格の待遇で第一合同銀行入り

守分十の生まれは、浅口郡乙島村水溜、現在の倉敷市玉島乙島である。明治二十三年（一八九〇）五月十日、村一番の素封家、守分榮吉・増の長男として誕生している。その乙島村で大庄屋の後継ぎとして何不自由なく育った。父は人格者で「資性温厚にして着実、頗る円満主義の人。若くして議員に出で、自治を好み村の為に奔走す」とある。母もしっかり者だった。

十は、同三十六年、備中国の名門、旧制高梁中学（高梁町、現・高梁高校）に進む。同

晩年の守分十

新築直後の第一合同銀行倉敷支店と完成記念写真（大正11年8月）
入行後間もない守分十支店長代理も都志太郎取締役支店長と並んで写真に収まっている

戦後処理と再建に奔走していた守分十
（後列左から3人目のハイカラースタイル）
昭和22年8月14日各銀行頭取らと大蔵大臣官邸にて。最前列左から4人目のスーツ姿が栗栖赳夫大蔵大臣、5人目が池田勇人大蔵次官。上京は立錐の余地もない夜行の満員列車を利用した

地は、備中国の中枢で、江戸時代から山田方谷等を生んだ教学の地でもあった。同所で寮生活を送る。寮では教師の舎監から「成績と勤倹、これがモットー。無駄銭を遣うものは必ず成績が落ちる」と厳しく倹約を叩き込まれた。この倹約精神が、後の銀行経営にも活かされたのだろう。

高梁中学を卒業後、守分は同四十一年、念願の第六高等学校（岡山市）に入学する。ここで剛毅な土佐人気質の酒井佐保校長の薫陶をうける。「吉備の六高ではなく、大日本の六高たらしめん」と周到な注意と思慮判断、実力主義、豪傑ぶりを学んだ。

もう一つは交友である。同クラスには岡野清豪と大原五一がいた。岡野は東大に進み、日本銀行から三和銀行頭取、大阪銀行協会会長などを経て、吉田内閣の国務相、文相などを務めた。五一は大原孫三郎の甥にあたり、倉敷銀行から岡山合同貯蓄銀行取締役、中国銀行常任監査役を務めた人物である。

守分が、第一合同銀行入りしたのは六高時代の交友関係も背景にあったのだろう。

その後、守分は京都大学に学び、卒業後、日本銀行理事だった木村清四郎の勧めもあって政府系の特殊銀行、北海道拓殖銀行（札幌市）に就職。たまたま拓銀では、破綻処理や債務償還延滞への対応なども手掛けている。

そして、大正十一年六月、大原孫三郎に請われて創立後日の浅い第一合同銀行に入る。「破格の待遇」というから、孫三郎の期待や評価は相当のものだったに違いない。孫三郎特有のヘッドハンティングだろう。

役職は倉敷支店支店長代理、俸給は月百二十円（当時の一般行員の給与は月三十～四十円）。三十二歳になっていた。ここからバンカー一筋の守分の生活が始まる。

●日銀整理資金は借りません、自力で返済します

第一合同銀行は、その後、昭和五年十二月、ライバルだった山陽銀行（津山市）と大合併し、中国銀行が創立する。守分は初代の高松支店長兼四国支店監督心得に就任した。新生・中国銀行は、同七年の経営危機を乗りきり、順調に見えたが、同十一年、不良資産の整理問題が持ち上がった。

ここで守分最初の、自主独立路線の堅持、日銀融資拒否方針が発揮される。

中国銀行は、合併時から抱え込んでいた不良資産の処理に頭を悩ませていた。政府筋も

常々処理を急ぐよう催促していた。ここにきて、しびれを切らした大蔵省と日本銀行は、日銀整理資金借入による不良資産の整理促進勧告を突き付けてきた。

ここで、本店業務課長だった守分が交渉役に指名された。大役である。「日銀が整理資金を貸すから、その利ザヤで早く償却しろ」と日銀。「いや、自力でやる」と守分。「それなら何年かかる？」と日銀。「まず十年」と守分。「ダメだ。五年にならぬか」と日銀。

交渉の結果、整理資金の借入はせず「七年計画で自力でやります」と守分の提案でまとまった。

しかし、本店に帰ってみると「一業務課長ごときが一存で日銀融資を断るなんて…」と批判ふんぷん。が、といっても妙案が出る訳でもなく、計画はそのまま了承。守分は計画実行役を任され、約束通り計画を達成した。

当時、大蔵省、日本銀行は、金融界に対し絶対的な権限を持っており、一たび融資を受け入れると、必ずといっていいほど〝天下り〟人事の受け入れや何かと注文が付くような雰囲気だった。守分としては、このような干渉をうけたくなかった訳で、自主路線に強い自信を持ったことだろう。

「これが、終戦直後を除き、日銀から一文も借りずにやってくることができた一つのきっかけになったと思います。もしあの時借りていれば……一つの危機だったと思います」。守分の晩年の述懐である。

守分は、同十一年、生え抜きとして初の取締役に就任。すでに「守分がいないと仕事にならない」とまでいわれる存在になっていた。

●少額貯金を集めてコールローンに回し稼ぎに稼ぐ

こうして昭和二十年八月十五日の終戦。廃墟の中で同二十一年四月、「守分十頭取」が誕生する。新頭取、五十五歳だった。

第一声は「銀行経営は難事中の難事」。入行する行員にかけた言葉も「今、一千余人の全行員が銀行をマクラに討ち死にする覚悟で一生懸命働いている。そのつもりで働いてくれ」だった。悲壮感が漂っている。

とくに同行の場合、満州帝国公債など敗戦でゼロになる債権を多く抱えており、生き残れるかどうかの瀬戸際にあった。全国の銀行中、経営内容ワースト5というのはこんな意味なのである。

評価損の処理に、経費節減、資金獲得にと自ら飛び回っている。本部機構のリストラにまず手を付けたというのは、いかにも守分らしい。

また、当時、復興のために資金需要が結構あった。しかし、貸そうにも資金が不足していた。そこで預金獲得の大運動を展開、実績を上げている。その時、預金獲得競争の中で、守分が強調したことがある。

「ドレッシングは絶対にやらない。たとえ一歩一歩の前進でも、しっかり大地に足をつけ、後戻りしないというのが私のいき方だ。だから私は、もし特利などによって預金を獲得したらクビにするとまで言っている。こうした預金は欲しくない。汗と努力で集めた預金であってこそコストも安いのだ」。

ドレッシングとは預金集めのために特別に金利を高くしたり、景品を付けたりすることをいう。

こうしたコストの安い資金を集め、それをコールローン（銀行間の取り引き）に回し、安全に確実に稼ぐというのが、同行の稼ぐ方式だった。このコールローンで稼いだ金を自己資金とし、このコストの全くかからない自己資金をまたコールローンに回していく。

これにより、同行は、短期間で収益を改善、同四十年前後には、全国でトップクラスの体質の良い優良銀行になっていった。それでも、内部の勤倹節約体制は徹底。お客の来る営業店には冷房を設置したが、本店の本部部門にはなかなか入れなかった。店舗間の連絡には使い古しの封筒を裏返して使用させるなど、節約を徹底させていた。

●金は〝人〟に貸す。流行りもんに金は貸さん

守分の経営哲学は「石橋をたたいても渡らない」「流行りもんに金は貸さん」といった慎重居士だといわれる。しかし、慎重ではあるが「ヤミ成金から金を貸せといわれても私は貸さない。そして昔から真面目にやった人には貸す。要するに事業は人だ」との哲学も信条として兼ね備えている。

中国銀行の憲法ともいわれるのが銀行業務改善雋語である。その第一章第一項。

「銀行の要素は人にあり、人の本領は意志の鞏固にあり、意志の鞏固は不抜の信念にあり。健全なる経営、盤石の基礎は是より生る」。

日本中がバブルに沸いていたとき、ただ、守分だけは逆に声を大にして慎重論を説いた。結果は、バブル崩壊後、全国の多くの金融機関が抱え込んだ不良資産に苦しみ、中には破綻する状況を見れば明らかだろう。

この方針で守分は、地場企業の面倒もよくみている。藤井製作所や三和相互銀行の再建では役員まで送り込むなど、誠実に取り引きを続ける取引先には最後まで全力で面倒をみた。

こうした守分イズムを一言で表すのが「一以貫之」であろう。

守分十は、昭和五十二年(一九七七)一月二十二日、頭取在職のまま逝去した。八十七歳だった。亡くなる直前まで仕事の指示をしていたという。正に「一以貫之」の一生だった。

(守分十に関しては岡山文庫『守分十の世界』をご参考ください)

第四章　山陽銀行頭取・土居通博

県南銀行勢の軍門に下った温厚篤実な紳士頭取

土居通博《どいみちひろ》。岡山県北・作州きっての富豪、土居家に生まれた実業家で、温厚篤実、謹厳謙譲な典型的な紳士。土居銀行（田邑村）を義父と共に創立し、県北地域の銀行再編の中で作備銀行（津山）、更に山陽銀行（津山）へと合併をリード。山陽銀行を県内金融界を二分する一大勢力にまとめ上げた。

しかし、一方の県南主体の第一合同銀行との激しい主導権争いには歯がたたず、第一合同・山陽両銀行大合併による中国銀行創立では、大原孫三郎の軍門に下らざるをえなかった。とはいえ、激動の明治期の実業界にあって、地方産業の振興、そして近代化に果たした功績は大きい。

土居通博は、明治元年（一八六八）四月二十二日、苫田郡田邑村（現・津山市）の土居通政の次男として生まれている。幼名は邦治。通政は津山藩士で維新期の征長の役では、藩主に従って従軍したという経歴の持ち主。維新後は北条県に出仕し、地方産業の振興に努めている。

通博はこの父のもとに育ち、明治十五年、叔父の土居通信の養子となっている。その後、邦治から通博と改名、土居家を継ぐ立場となっている。通博は、上京して明治法律学校（後の明治大学）に学び、同二十三年卒業して郷里に帰っている。

当時の土居家は、地主として美作地方随一の資産家。同二十四年調査の直接国税総額をみると、トップが塩田王の野崎武吉郎（税額六、〇三〇円）、二位が土居通信（同一、六五六円）、三位が大原孝四郎（同一、五四〇円）となっており、土居家が大原家を上回っている。このため、同三十九年には、野崎武吉郎に代わって通博が貴族院議員にも選ばれている。土居家はそれほどの富豪だった。

●作備銀行と津山銀行を合併させ山陽銀行創立、南下作戦へ

同三十年三月、通博は叔父の通信と共に、土居銀行を創立する。土居家の資金運用と地域の金融の便を考えてのことだった。同三十六年、家督を継ぎ、名実ともに土居家の総帥

明治30年当時の建物

元土居銀行津山支店（現・作州民芸館、津山市）
明治30年土居通信・通博らによって設立された土居銀行の津山支店として大正9年完成、事実上の本店だった。ルネサンス様式を基本にした明治洋風建築。木造2階建て、外装は左右対称のデザインで威容を誇った（国登録有形文化財）

土居家の屋号。建物の通風口にまで屋号を入れてある

晩年の
土居通博

若き日の
土居通博

開店直前の山陽銀行本店(江見写真館提供)

として指揮を執ることになる。

この家督相続にあたって、通博は義弟の通憲に「多大の財を分ちて一家を成さしむ」ように配慮。その後、本人の努力で資産を分ける前の水準にまで回復させたという。経営手腕はこれで証明済みといったところ。

土居銀行の頭取となった通博は、日本銀行や岡山県、それに当時、津山市出身の大蔵省主税局長だった黒田英雄らの要請をうけて、地元銀行の合併に動き出す。最初は、土居銀行を核に久世、加茂、武藤、津山中央、勝間田の六行が合併し、大正十二年、作備銀行を設立した。

しかし、問題は、津山地域で最大のライバルだった津山銀行（津山）との合併交渉だった。同行は、明治十二年、県下初の私立銀行として設立されたという歴史を持っている。行内には「創立以来四十数年間連綿と続いてきた津山銀行の名が消えることは、なんとしても忍び難い」という声が多かった。それを当時の苅田善治郎頭取らが熱心に説得、やっと承認にこぎつけたという。

つぎは新銀行の名称である。ここでも〝津山〟の名を残すようにとの声が上がったが、結局「吉備銀行」に落ち着いた。ところが、直前になってさらに反対意見が出て、最終的に「山陽銀行」に落ち着いている。

こうして大正十三年七月創立総会を開き、山陽銀行を創立した。初代頭取には通博が就任している。これで、県北を中心に五十五店舗を展開する一大勢力ができあがったことになる。

新銀行は、その後、足守銀行（足守）や鞆銀行（鞆）を次々合併、岡山県南方面に向けて南下政策を強化。同十五年六月末には、全店舗数が八十三にまで膨れ上がり、全国で四番目に多い店舗数の銀行になってしまった。これで、第一合同銀行との競合は従来にも増して熾烈なものとなり、競争抑制に向けて両頭取がトップ会談をする場面もみられた。

山陽銀行の経営について面白い記事がある。当時の大阪毎日新聞の記事だ。

「山陽銀行と言へば、わが金融界に於いても特殊の堅実味を持った地方銀行だ。その特徴は、経営が断然田舎臭いことだ。多くの銀行は殆んど必ずと言ってよい程に、資本の集中を目的としてゐる。（中略）資本は流れ流れて中央に集まって行く。

しかるに、山陽銀行に限ってそれがない。地方で吸収した資金は、再び地方へばらまいて行くのだ。（中略）土居氏は、敢然その方針を曲げようとしない」（「津山市史」）。

通博らしいというか、これが山陽銀行の営業基本姿勢ということらしい。通博にとって、それがどこからきたものなのか、それは土居家の家訓にあるといわれる。

●温厚篤実にして寡言、華麗を避け絢爛を好まず

通信は死に臨み、養子の通博を枕頭に呼び、諄諄と一家盛衰の理を説いた。

「憂労は以て国を興し逸予は以て身を亡ぼす」「須らく陰徳を施し公共慈善の事には進んで財を投ぜよ」「礼節を重んじよ」「空利に走り投機事業を企つる勿れ」「子弟の教育を怱《ゆるが》せにすべからず」――。

そして、通博の紳士ぶりも徹底している。

「氏は家を治むる厳格にして、家憲の教ふる所に従ひ、極めて礼譲を重んじ、家人間の応対と雖も、恰も初対面の人に於けるが如く、従って家庭静粛円満なり」。

通博の人物評をみると「温厚篤実にして寡言、人に対して豪も傲誇の風なく紳士の好典型なり」「華麗を避け絢爛を好まず物静かな人格の人」などなど。地味で物静かな英国的紳

士風の人といったところか。
しかし、通博の温厚な紳士ぶりとは裏腹に、第一合同銀行との競合は激しくなってい
く。昭和二年の金融恐慌・取付けでは、第一合同銀行は大きな痛手を受けた。一方の山陽
銀行は、取付けは土居家の絶大なる信用があり、ごく少額で済んだものの、店舗の整理統
合の遅れと周辺銀行との無理な合併がたたって不良資産を抱え込み、経営内容が急速に悪
化していた。
有利な合併条件を狙う大原孫三郎は、政府・大蔵省に「大蔵省からの合併勧告」を山陽
銀行側に出すよう要請。これを受けて大蔵省サイドは、山陽銀行に対し強力な合併勧告を
実施。大蔵省主導での合併工作が始められた。この状態で両行頭取が極秘裏に東京に呼ば
れた。膝詰め交渉だった。
内容を大蔵省の内部検査ですべてつかまれたうえでの交渉だけに、山陽銀行側に勝ち目
はなかった。孫三郎の作戦勝ちである。
合併内容は、形式上は対等合併だったが、初めから孫三郎の頭取就任が内定しており、
役員数も第一合同銀行十一人、山陽銀行六人と倍半。実質的には、山陽銀行が吸収合併さ

れるのと同じだった。

●新生・中国銀行では副頭取に就任、しかし出番なし

新生・中国銀行で、通博は副頭取に就任するもののほとんど出番は回ってこなかった。紳士で人望家ではあったが、手腕家ではなかった。孫三郎と同じ実業人でありながらこの差が大きかった。同十三年六月、創立以来務めていた副頭取を辞任。その後体調を崩し、同十四年十二月八日逝去した。七十一歳の一生だった。

その後、孫三郎も同十五年一月頭取退任を表明、同十八年一月十八日逝去した。六十四歳だった。

第二部

県内金融業界百五十年の歩み

後月《しつき》銀行（明治43年5月当時）

第一章　明治前期・小規模銀行乱立時代

明治時代前期は、近代的金融制度とされる「銀行」が初めて日本に誕生し、紆余曲折を経ながら発展していく過程である。最初は「国立銀行」として創立、うま味があると分かると設立ブームとなり、全国各地、銀行がないところはないくらい普及する。この間、中央銀行たる日本銀行も明治十五年設立され、近代的金融体制が整ってくる。これが前期の流れである。

しかし、小規模銀行乱立の状態は長くは続かない。同三十四年の金融恐慌になだれ込み、整理・淘汰の段階になる。これが次の段階である。

岡山の場合も、ほぼ同様の展開をみせる。

花房端連
（第二十二国立銀行頭取／初代岡山市長）

●岡山の銀行第1号は明治十年「第二十二国立銀行」

明治維新政府は、明治四年（一八七一）五月、江戸時代の〝両〟に代わる新しい通貨単位を〝円〟（新貨条例）と決めた。ここから、円（¥、Ｙｅｎ）の時代が始まる。

翌年、政府はさらに、国立銀行条例を制定した。これは、世間に広く出回り、インフレの元凶となっていた太政官札、藩札などの古い不換紙幣を回収し、新時代にふさわしい新規の兌換紙幣を発行、通貨を統一しようという狙いだった。それの役割を国立銀行に担わせようというもので、紙幣発行権を与え、政府は国立銀行の設立を推進した。

当時、版籍奉還で藩がなくなり職にあぶれた華士族らには、金禄公債証書が交付されていた。これを元手に銀行を設立して職なり収入を確保し、生活のメドをたてさせようとの狙いだった。主目的は旧士族救済なのである。

第一号となる第一国立銀行（後の第一勧業銀行、みずほ銀行、創設・渋沢栄一）は、同六年六月、東京に創立された。これが日本初の銀行で、紙幣発行権を持たせ、順次設立順に「第一」「第二」とナンバーを打っていった。

ちなみに、国立とはいうものの、国の組織ではなく、単にアメリカの「ナショナル・バンク」を翻訳しただけの純然たる民間の銀行である。また、銀行という名称については、渋沢が、当時日本は銀本位制を採っていたことなどから名付けたといわれている。

こうして、国立銀行は動き出したものの、設立要件が厳しすぎたのか、実際に四行までできたものの後が続かなかった。

そこで政府は、同九年（一八七六）八月、国立銀行条例を改正。設立要件を緩和し設立しやすくした。これで、以降、国立銀行設立ブームが起ってくる。

岡山に「銀行」が初めて登場したのは、明治十年（一八七七）九月の第二十二国立銀行（岡山市）の設立である。前年改正された国立銀行条例に基づいて、旧岡山藩主、藩士らを中心に、旧士族の生計の安定を目的に設けられた。

旧藩士の花房端連を頭取に、取締役に信庄厚信、広岡久右衛門ら、資本金は五万円。大口の出資者には旧岡山藩の歴代藩主らが名を連ねた。岡山県下第一号の銀行だ。

ところが、世間の評価は、同行の沿革誌によれば「営利を賤しむの弊未だ去らず企業の途尚開けざる当時にありては、世間之を奇とせり」だった。

封建社会において、商人のすることを、旧士族がやろうというのだから、庶民にとってはなんとも奇異に映ったのだろう。それほど、明治維新以来、禄を失った旧士族の生活安定の問題は、火急の案件でもあった。

●県内第二号は「第八十六国立銀行」（高梁）

県内第二号となるのが、明治十二年五月、旧備中松山藩城下に生まれた第八十六国立銀行（高梁町）である。

もともと、同藩は、明治維新に際して藩主が徳川幕府の中枢にいたこともあって、藩関係者は最も厳しい立場に置かれていた。その士族らの救済をしようと、山田方谷門下の三島毅らが、渋沢栄一らに働きかけて設立にこぎつけた。

同行は、中国銀行の淵源となる立場の銀行である。

こうして岡山県下には二つの国立銀行が早々と誕生した。その特色をみると、いずれも旧藩の藩主や士族を中心に、旧士族の生活安定を主目的に設立されたことである。

岡山県内では、もう一つ美作国の拠点、津山でも国立銀行設立の準備が進められていた。しかし、地域柄議論の方が先行してまとまらず、同十二年十一月の政府の設立認可打ち切りまでに間に合わなかったため、結局、私立銀行設立に回った。

国立銀行は、第一国立銀行の設立から、同十二年十一月の第百五十三国立銀行（京都）まで百五十三行が全国に設立認可された。まさに、同時期は、国立銀行設立ブームだった。国立銀行設立ブームのつぎにやってくるのが、私立銀行設立ブームである。

お殿様商売ながら、国立銀行勢は結構好業績をあげていた。そのため、「銀行は儲かる」といった状況を目の当たりにした地主層や商人層がいっせいに銀行設立に走った。明治九年の国立銀行条例の改正で、私立銀行の設立も同時にできるようになってはいたものの、紙幣発行権が認められていた国立銀行の方に魅力があったため、私立銀行設立に走るものは少なかったらしい。

以降、全国的に私立銀行の設立と既存国立銀行の私立への移行が進む。

この間、政府は中央銀行として日本銀行を設立、同行は同十五年十月から営業を開始した。最初は兌換券（お札）の発行はできなかったが、通貨価値が安定したとして同十八年五月から銀貨兌換の日本銀行券（十円券）の発行に踏み切った。

これで、市中の銀行と、お札を発行し銀行を束ねる「銀行の銀行」という立場の日本銀行ができ、近代的な金融システムの基礎が構築できたことになる。

第二章　明治後期・淘汰、再編の時代

後期は、こうして乱立状に設立されていく銀行勢が営業していく中で、不況や金融恐慌を経て、淘汰、再編していく過程である。明治時代、最初にして最大の試練は同三十四年の金融恐慌であろう。

県内の私立銀行の設立状況をみると、第一号と称されるのは、同十二年設立の津山銀行（津山町）、ついで同十三年の明十銀行（笠岡）、甕江銀行（倉敷）、永禄社（足守）などといったところ。同十三年あたりが第一次ブームで、同二十七年当たりから本格的ブームとなる。ピークは日清戦争後の〝バンザイ景気〟のころの同二十八～三十年あたり。

同十七年には井原銀行（井原）、同二十四年には将来的に再編の核となってくる倉敷銀行（倉敷、大原孝四郎頭取）が設立されている。同二十九年日笠銀行（藤戸）西江原銀行（西江原）などと続き、同三十年には高梁銀行（高梁）、それに国立銀行組の二十二銀行と八十六銀行がいずれも私立銀行に転換している。

県内の銀行総数は、同二十七年に十三だったものが、同二十九年三十四、同三十年四十二、同三十三年五十三と急増している。多くが郷土の大地主や商業高利貸資本による小銀行で「銀行業は儲かる」との一般的風評に乗ってつくったものがほとんど。

くわえて、同十九年から同二十二年にかけてと、日清戦争直後盛り上がった企業設立ブームも、資金需要の面から、銀行設立を下支えした。

●ブームで乱立した銀行、三十四年の金融恐慌で淘汰へ

しかし、全体的には、近代的な資本主義形態である既存産業への資金供給（融資）を目的としたものは少ない。例外的に、倉敷銀行は母体の倉敷紡績に対する産業資金供給のためとみられる。

営業実態も、預金を集めて企業などに供給していくというものよりも、自己資金を貸し出して儲けるという安易な形が多い。貯金より貸出の方が多いということが、それを証明している。資本金を貸し出しているのである。

こうした小規模銀行乱立の状態は、不況にはきわめて弱い。

同二十三年、最初の金融恐慌は小規模で収まったものの、同三十二年九月、岡山銀行大阪支店で不祥事が発覚、岡山の本店でも取付けを受けている。これが県内初の取付けといわれ、同行はその後解散に追い込まれた。

同三十四年には大規模な取付けが発生、深刻な状況となった。同年六月、口火を切ったのは井原銀行で、八月には御野銀行が破産宣告（岡山県下の銀行倒産の第一号）、引き続き共益銀行（倉敷市）、美作銀行（津山市）が倒産。二十二銀行や大阪系の加島銀行も激しい取付けを受けた。

当時の模様を岡山経済文化史では「全く殺人的のものであったらしい。人心は萎縮、人気は銷沈して、真に〝商売人の日干し〟ができそうだったと当時を知る古老は物語る」と記している。

日清戦争後の反動不況の中で、ブームに乗って生まれた弱小金融機関を完全に淘汰した恐慌だったといえる。

●農工銀行、産業組合法で庶民金融も誕生

一方で、明治時代後半には、農民や庶民を対象とする新しい金融システムも出てきている。

同三十一年二月営業を始めた岡山県農工銀行（岡山市）がそれである。これは、同二十九年に公布された農工銀行法により設立された特殊銀行で、農業者に対する長期低利資金を供給する機関だ。

また、同三十三年の産業組合法施行により、同三十四年から、岡山にも各種の産業組合が設立されることになる。こうして、小農層や小商工業者らに対する金融制度も順次、整備拡充されてくる。

明治時代は、その後、同三十七、三十八年の日露戦争があり、戦後好況と反動不況を経て大正時代に入っていく。

岡山県農工銀行

第三章　大正・合併と淘汰の時代

大正時代は、明治三十四年の金融恐慌で最初のふるいにかけられた県内各所の中小銀行が、一段と厳しい競争の中で本格的に整理・淘汰されていく第一幕である。

最終的には、第一次世界大戦後の大戦景気後にやってきた反動恐慌の中で、県南部に中心を置く第一合同銀行と、県北に拠点を持ち県南進出を狙う山陽銀行とに収束。両行は以降、激しいトップバンク争いを展開。つぎの昭和時代に入ってからの中国銀行への第二幕の大合同につながっていく。

これらの合併、再編を積極的に推進したのが、岡山県知事の笠井信一や日本銀行副総裁の木村清四郎らだった。目指すところは、経営基盤の強固な地元銀行づくりだった。この間、日本銀行岡山支店が開設され、合併、再編に指導力を発揮していく。

また、将来、信用金庫に繋がる産業組合が大量に結成されるのもこの時期。県内最初の国立銀行として設立された二十二銀行は、この時期、完全に安田銀行に吸収合併されてしまい、地場銀行としての立場を失った。

●整理・淘汰の第一幕「第一合同」と「山陽」銀行に収束

大正時代は、明治時代からの不況を引きずりながら明ける。同三年（一九一四）、第一次世界大戦が勃発し、局面が変わる。同四年末ごろから景気が上向き始め、同五年ころから輸出が伸び、それを背景に生産が拡大し大戦景気に入っていく。

この好況で、軍需工業を中心に企業の資金需要は急増、銀行の融資は飛躍的に伸びた。すると、融資の増大に対応するため預金量も必要となる。同八年の総預金は同二年のそれと比べて実に四・六倍に伸びている。

そうなると、銀行とすれば資金需要に応えられるだけ預金を集めなければならない。尋常では集まらないため、激烈な預金獲得競争が展開されることになる。金利競争である。あまりの泥仕合ぶりに、これでは銀行の経営自体おかしくなりかねないと政府は争奪戦の自粛を要請、結局、岡山市でも同八年五月、預金利子協定を結んでいる。協定の内容は、定期預金金利は年五分、当座貯金は日歩七厘。協定違反には罰則までつけている。

津山銀行（江見写真館提供）

元妹尾銀行津山東支店（旧津山洋学資料館、津山市）
大正9年妹尾銀行の津山東支店として建設。銀行には珍しく神社仏閣風の外観で、屋根は千鳥破風入母屋造り、内装も凝り技巧の限りを尽くしている。当時、津山銀行、土居銀行をしのぐ勢いだった繁栄ぶりを示している。同行は妹尾順平の政界転出を機に破綻、第一合同銀行に吸収され、以降大原孫三郎の県北の拠点となる（津山市重要文化財）

一方で、銀行窓口も繁忙を極め、窓口職員がトイレにも自由に行けなかったのか、行員の健康にも問題が出てきたためとして、一斉に窓口の営業時間を一時間短縮している。

各行とも、預金吸収策として支店網の拡充に走り、県外からの支店開設や、県内銀行の県外支店開設、既設銀行を買収しての新銀行設立もあった。久米銀行（加美村）や天満屋銀行（西大寺町）津田銀行（岡山市）倉敷大橋銀行（倉敷町）などである。

大正期の大戦景気の中で、もう一つ特徴的なことは、産業組合の設立である。庶民金融といえるもので、昭和の戦後、信用金庫に発展していく。大正七年には県下で約四百組合に達している。

しかし、好況は長続きせず同九年春以降、大戦景気の反動恐慌期に入っていく。貸出先の倒産で取付けにあう中小の銀行も出始めた。大型の資金需要にはある程度の資金規模の銀行でないと対応できないとの事情や、銀行の体質強化の必要性なども、銀行合同の背中を押した。

●倉敷銀行が動き六行合併で「第一合同銀行」創立

最初に動いたのは、倉敷銀行（倉敷町）頭取の大原孫三郎らだった。笠井や木村の意向をうけて、倉敷、茶屋町、倉敷商業、鴨方倉庫、日笠、天満屋の六銀行を合併、第一合同銀行を、大正八年（一九一九）九月誕生させ、頭取には大原が就任した。

六行は、いずれも県南に立地、それぞれの頭取が大原と関係が深かったため、比較的スムースにことが運んだ。大原は当初、あまり銀行業務に関心をもっていなかっただけに、今回が初めての意欲的取り組み。更に新銀行の本店を敢えて岡山市内に立地させ、つぎの展開に布石を打った。

新銀行の営業方針について、大原は中国民報紙上で次のように語っている。

「第一合同銀行は県下の産業発展を助長するために生まれ出でたるものなる事を忘る可からず。銀行は地方人士の共同機関」――。

これが、岡山県下で最初の銀行大合同である。第一合同銀行は、当時県内トップバンクだった二十二銀行につぐ県下二番目の規模となった。

ついで、大正九年、八十六、甕江、庭瀬の三行を合併。同十一年には、県北に基盤を有する妹尾銀行も合併し県北経済圏に楔を打ち込んだ。以降、昭和の初めにかけて高粱、下道、玉島、総社、福山、姫路倉庫、山陽商業、坂出など近隣県も含めて各行を次々合併していった。

この規模拡大に伴って、大正十年には、岡山県金庫の取り扱いを、すでに安田銀行傘下に入っていた二十二銀行から移管させ、同十一年には、総預金量も二十二銀行を凌駕、名実ともに県内トップバンクの地位に登りつめた。

●まず作備銀行を設立、次に山陽銀行

これに危機感を強め対抗したのが、作州一帯に勢力を持つ土居銀行頭取の土居通博ら。土居家は、当時、孫三郎の大原家に勝るとも劣らない程の勢力をもっていた名家。

大正十二年七月、県北に基盤を持つ津山中央、勝間田、土居、久世、備前加茂、武藤の六行が合併し作備銀行を設立、頭取には土居通博が就任した。本店は津山町に置き、規模は第一合同、二十二につぐ県下第三番目となった。

しかし、津山には、県下初の私立銀行として設立された津山銀行があった。同行も独自に落合銀行や久米銀行と合併し勢力を保持していた。このため、県や日本銀行などが強力に働きかけ、結局、大正十三年、作備銀行と津山銀行が合併、山陽銀行設立となった。

初代頭取には土居が就任。第一合同と肩を並べる規模の銀行が誕生した。

この新銀行・山陽銀行の念願は、経済規模の大きい県南部へのエリア拡大だった。とりあえず、総社、撫川に足場を広げ、大正十四年一月、岡山に支店を開設。地元では足守銀行を合併、備後地区では桑田銀行や鞆銀行を合併。

昭和に入っては、丸亀銀行や琴平銀行を合併し香川県にも足場を築いた。

特徴だったのは、倉敷大橋銀行との合併。倉敷では、大橋家と大原家は従来から厳しく勢力を競ってきた間柄。第一合同との合併話が持ち上がった時、大橋家では、「(大原側との合併を)潔しとせず」として、あえて山陽銀行を選んだという。

こうして、第一合同と山陽の両行は、厳しい対抗を続けることになった。第一合同の県北への浸透作戦と、山陽の南下戦略は激烈を極めた。

これら銀行合同を働きかけたのが政府、日本銀行であり、その日本銀行岡山支店が、木村清四郎らの尽力で、同十一年四月開設している。その後の県下の銀行合同や再編に、大きな働きをしていく。

そして、第一合同銀行、山陽銀行の二大銀行の対立の構図は、そのまま昭和時代に持ち越される。目前に迫るのは、昭和二年の金融大恐慌である。

第四章　昭和戦前・金融恐慌の時代

大正十五年（一九二六）十二月二十五日、大正天皇が崩御、この日から昭和が始まった。正味七日間の昭和元年だった。そして、昭和二年（一九二七）の大恐慌になだれ込む。昭和時代は未曾有の恐慌で幕を開けた。

こうした恐慌が発生した背景には、大正時代後半から続いていた厳しい経済環境がある。第一次世界大戦時、大戦景気に沸き規模を拡大した日本の産業界は、大正九年の反動不況で大きな痛手をうけ、さらに同十二年の関東大震災により追い討ちをかけられていた。

この過程で多くの銀行は多大な欠損を抱え込み、きわめて内容が悪化していた。ちょっとした刺激にも何か起こりそうな、そんな状態に置かれていた。岡山県下の場合も、第一合同、山陽の二大銀行勢力ができたとはいうものの、両行とも内容的には今一つ、その他、問題を抱えた銀行も多かった。

●昭和二年空前の大恐慌、人心の不安感頂点に達す

昭和二年。三月十四日に国会で大蔵大臣の失言が飛び出し、関東地区を中心に中小のほとんどの銀行で取付け騒ぎが起きた。金融恐慌の始まりである。これが第一波で、岡山地区はまだほとんど平穏だった。しかし、四月に入ると、台湾銀行や近江銀行、十五銀行という有力銀行が休業したため、取付けは全国に広がった。

岡山では、四月十八日、大原孫三郎と関係の深かった近江銀行の休業を機に、第一合同銀行、岡山合同貯蓄銀行、西江原銀行、それに県外組の加島銀行、安田銀行、山口銀行などの各岡山支店が、厳しい取付けを受けた。この間、県内の市中銀行八行で引き出された金額は総預金高の一三・四パーセントにおよび、これは全国の日本銀行店舗中五番目に多い額だったという。

取付けは、銀行の良否を問わず広がり、この三月十五日から四月二十五日までの間に全国で休業した銀行は三十二行に上った。

結局、政府が四月二十二日から三日間の全国一斉臨時休業とモラトリアムの実施で、落

着きを取り戻した。

この大恐慌の後、銀行は急激に合併合同の時代に入っていく。全国の銀行数は昭和二年当時の一千五百七十七行から同七年末には六百五十行にまで激減する。

金融恐慌の結果、中小弱小銀行に対する一般の信用が急激に低下し、有力銀行や大手銀行、郵便局に預金が移されるようになった。すると同様の中小銀行とすれば、信用回復のためにも生き残りのためにも、なんらかの合同連携を模索せざるをえなくなる。

一方政府としては、戦費調達という国策遂行のため、体質の強い銀行づくりの必要性に迫られ、従来から進めてきた合同勧奨をより積極化した。この場合、県単位で有力銀行を設立させようという〝一県一行〟方式を明確に打ち出し指導指針とした。

岡山の場合は、第一弾が、第一合同銀行と山陽銀行の設立で、第二弾が、その二行の大合併だった。

●第一合同、山陽合併し「中國銀行」設立

同五年十二月二十一日、岡山県南を中心に香川、広島、兵庫の四県に店舗を展開する第

一合同銀行と、岡山県北を基盤に香川や広島にも営業基盤を広げつつあった山陽銀行が合併、「中國銀行」が誕生する。時の政府や日本銀行、岡山県などが強力に力で持って押し付けた結果に他ならない。

よくみると、この二行の合併は、不良債権を多く抱え込んだ苦しいもの同士のやむをえない合併で、スタート当初から厳しい綱渡り経営が続くことになる。

こうした強力な銀行づくりが進む一方で、庶民金融の台頭も目立ってくる。同六年、倉敷に倉敷無尽が創立されている。当時、一般の中小商工業者は普通銀行の融資対象外に置かれていた。それだけに恐慌時にも、資金需要の強い中小商工業者らの支持を受け業績を伸ばしている。

昭和の時代は、その後、同六年九月満州事変勃発、同七年一月上海事変、同五月五・一五事件と続き、軍部の暴走により戦時体制に入っていく。

同十二年七月日華事変、同十四年九月第二次世界大戦、同十六年十二月太平洋戦争突入と続く。金融、銀行もすべて「戦争遂行のため」となってしまう。

第五章　昭和戦中・戦時一色の時代

日本は、昭和十二年（一九三七）七月の日華事変勃発を機に戦時色が濃くなり、徐々に戦時体制に入っていく。同十三年には物価統制令が出され「贅沢は敵だ」「欲しがりません勝つまでは」と産業界もすべて〝報国〟。暗い国家統制の時代である。

金融界には、戦争に対応するための生産力拡充資金の確保と国債の消化が強く求められた。戦費調達の役割である。同十三年六月には「貯蓄報国強調週間」が設定され民間資金の吸収が強化された。

●戦費調達に「貯蓄報国」運動展開、何でも戦時非常措置

岡山の金融界も同様。「頑張らう勝つ為だ」―これは中国銀行が当時の合同新聞に出した貯蓄増強広告である。立て看板、チラシ、記念スタンプ、新聞広告とあらゆる手段を駆使、強調週間中には日曜日まで店を開け預金を受け入れるなど、金融機関はいずれも強力

な運動を展開させられている。

こうして、預貯金は一応順調に伸び、同二十年三月末の残高は十億四千九百万円と過去十年間で五・六倍に増えたという。

ところが、国債の消化の方は今一つ。岡山県は全国二十九位だった。この低迷に驚いた岡山県当局は、同十五年、全国に先駆けて市町村別に割当額を決め、さらに一戸当たり十円券一枚の消化を〝勧奨〟している。ここに至ると強制的消化そのもので、ノルマ制に踏み切っていたようである。

金融機関にとって重要な貸出については、岡山県下の場合、平和産業が多く、初期は資金需要が少なかったため、あまり伸びていない。しかし、同十五年ころからは軍需産業への融資増や国債の保有が極端に増え、肝心の地元中小企業への資金融通は、きわめて窮屈になってしまい、本来の銀行業務からは、かけ離れてしまっていたよう。

一方では戦時非常措置として、金融機関には空襲などに備えて重要書類などは分散保管する措置も要請された。空襲を受けそうな都市部の店舗の重要書類は、周辺の田舎の店舗に移しておこうというもの。さらに同十九年になると、空爆で通信網が途絶した場合を想定し、緊急連絡のための〝駅伝〟連絡網まで作っている。

戦況の悪化に伴って、銀行も確実に臨戦体制だった。

中国銀行の場合をみると、同十九年三月から日曜日の休日制を廃止「月月火水木金金」営業制に突入した。しかし、これは逆に能率低下を招き、半年で月二回日曜日休日に修正、同二十年に入り空襲が現実味を帯びてくると逆に店舗の営業時間の短縮と日曜日完全休日制に戻すなど、大混乱続きだった。

このような中で、中国銀行の場合も行員の応召者が増加、軍需産業部門への徴用者も急増、男子行員が目に見えて減ってきた。女子行員を増やさざるをえず、同十九年には女子行員が全行員の七割を占めたという。

●銀行も無尽会社も〝一県一行体制〟を強制

他の産業界と同様に、金融機関の整備統合も、戦争遂行を目的に強力に進められた。同十五年五月には、ただ一行普通銀行として残っていた中備銀行（早島村）を中国銀行が吸収、普通銀行の一県一行体制が達成された。同十九年二月には岡山合同貯蓄銀行（岡山

コールタールで真っ黒に塗られていた日本銀行岡山支店。空襲を避ける目的だったが、昭和20年6月29日の岡山空襲で被災した。

岡山空襲後の中国銀行本店

(坂本一夫氏撮影、個人蔵＝上下いずれも＝)

市）も中国銀行が吸収している。

無尽会社でも、同十六年三月倉敷無尽（倉敷市）が、興国無尽（岡山市）と別所無尽（岡山市）を吸収合併し三和無尽を誕生させ、さらに同十八年九月には中国無尽（津山市）を吸収させ、県下一無尽会社体制とした。

そして、同二十年六月―。二十二日に水島、二十九日に岡山の大空襲である。岡山市内を中心に、多くの金融機関の店舗が甚大なる被害を受けた。

第六章　昭和戦後・混乱から復興の時代

昭和二十年（一九四五）八月十五日終戦。

「終戦発表ハ正ニ青天ノ霹靂《へきれき》、一時ハ地方人心茫然自失、事態ノ判明ト共ニ軍需工場ノ内ニハ操業ヲ休止シ工員ノ工場離散スルアリ、或ハ一部農民ノ内ニハ供出米ノ返還ヲ迫ルモノアル等可成リ動揺ノ模様」。

これは、日本銀行岡山支店が同月二十八日付でまとめた「終戦後の当地方状況」である。岡山市街地は、六月の岡山空襲の残骸がほとんど片付いていないような状態だった。

大混乱の中で政府は、同二十一年二月、やっと金融緊急措置令を出し収拾に乗り出し、翌二十四年には、ドッジラインが示され、戦後の新しい体制づくりが始まった。

同二十年代は、金融制度の改革や金融機関の再編成が大幅に実施されたため、戦時処理と併せて、新しい体制下での経営基盤の確立に追い回された時期といえる。

公森太郎頭取

●茫然自失から戦後処理・復興へ、中銀は守分体制スタート

県下一県一行体制下の中国銀行は、公職追放で辞任した公森太郎に代わって同二十一年四月、守分十が頭取に就任。戦後処理と再建に尽力していた。自主健全経営の守分イズムを浸透させ、同三十年までに店舗数も、終戦時百三十九店あったものを百二十二店に絞り込むなど、店舗網の整備と経営基盤の拡充を徹底。優良銀行への基盤づくりを進めていた。

一方で、県外銀行の岡山進出も同二十七年あたりからぼつぼつ動き始めた。百十四銀行(二十七年)、広島銀行(二十八年)、神戸銀行(同)、住友信託銀行(三十年)、安田信託銀行(同)などが岡山市内に進出してきている。

中小商工業者や庶民向け金融では、同二十六年、相互銀行法と信用金庫法が制定された。県下唯一の無尽会社、三和無尽は三和相互銀行(後のトマト銀行)に改組。市街地信用組合は、県勤労者信用組合(後の岡山労働金庫)をのぞいて十五組合すべてが、同二十八年までに信用金庫(岡山、倉敷、玉島、玉野、津山、岡山相互、岡山市民、西大寺、高梁、新見、吉備、日生、片上、水島、牛窓)に衣替えした。

政府系の中小企業関連金融機関としては、商工組合中央金庫が同二十五年岡山出張所を開設（同三十四年支店昇格）。国民金融公庫は同二十五年岡山支店を開設、中小企業金融公庫は同三十七年岡山支店を開設した。

この期間に、中小商工業者向けの金融制度がかなり整ったが、その中で三和相互銀行不正融資事件（同三十二年）のような事故も起きている。

また、同二十二年には農業協同組合法ができ、協同組合が各所に結成された。農業県の色彩が強かった岡山県では、同二十三年の馬屋下農業協同組合結成を皮切りに、同二十四年度末までに四百三組合が生まれた。これらの組合は金融業務も行うため、以降、金融界では大きな存在となった。

関連して同二十二年には農林中央金庫岡山支所ができている。

こうして、戦後の新しい金融体制が同三十年当たりまでにほぼできあがった。岡山県の場合は、同三十年ころまでは農業主体の後進県的色彩を強く持っていた。しかし、水島開発が進むのにつれて大きな変化を見せ始める。その転換期がちょうど同三十六、三十七年当たりとなる。三十七年は、岡山国体の年である。

水島臨海工業地帯の開発が進むにつれて、建設自体の業界に加えて、新規に立地してくる関連業界も増える。水島地区は活況をみせ、金融機関の預金、貸出も急速に増加、拡大している。特徴的だったことは、相互銀行や信用金庫など地場に密着した中小金融機関の成長が著しかったことである。

●水島工業地帯開発が岡山の飛躍を支える

水島臨海工業地帯の開発によって、岡山県は農業県から工業県へと脱皮する。その転機が同三十七年の岡山国体あたりで、銀行をはじめ県内の金融情勢は大きく変化し拡大・発展していく。

同三十九年（一九六四）は、日本経済にとって重要な転機となる東京オリンピックの年。翌四十年、オリンピック景気の反動不況で、大手企業の経営破綻も出始め、山陽特殊鋼の会社更生法申請、山一証券への日銀特別融資などがあった。

しかし、この反動不況は短期間で終わり、同四十年十一月からは、いざなぎ景気がスタートする。同四十五年七月まで五十七カ月も続く大型景気で、高度成長の始まりだった。

金融機関は、高度成長を支える形で業容を飛躍的に向上させた。そこで政府が採った金融政策が、護送船団方式だった。一番遅れている業態・企業に合わせて指導し金融秩序を乱さず成長させようとの政策である。

金融機関に対して、店舗規制、新商品規制、分野調整とあらゆる手段を総動員し行政指導した。当時とすれば、この護送船団方式が成功し、高度成長を支えたともいえる。

この厳しい規制の中で金融各行は、店舗展開を図っていった。岡山県下では、とくに水島臨海工業地帯の開発があったため、同四十年当たりから、他県からの出店が多かった。広島銀行（水島支店、四十五年）、三井信託銀行岡山支店（四十五年）、三菱信託銀行岡山支店（四十六年）、高知相互銀行岡山支店（同）などである。

この結果、同四十六年末現在で、銀行が中国銀行の八十六店の他、都銀・地銀支店二十六店、信託が四支店の総計百十六店。相互銀行が山陽相互三十二店、その他二十四の総計五十六店。信用金庫が九十三店。すべてを合わせると二百六十五店に上る。

金融機関とするとこれだけではなく、信用組合や農協、郵便局もあり、これだけのおびただしい店舗が競っていたことになる。

この高度成長に浮かれていたとき、突如として日本経済を襲うのが、同四十六年のドル・ショック（ニクソン・ショック）と、同四十八年のオイル・ショックである。

金融業界は、ここでまた大転機を迎える。

前田勇社長は
山陽相互銀行を
飛躍させた

第七章　現代・高度成長とバブルの時代

昭和四十六年（一九七一）八月、ニクソンショックが起きた。国際通貨危機が叫ばれる中で、米大統領ニクソンが、金・ドルの交換停止を発表。外国為替は変動相場制に入った。ついで同四十八年十月、中東戦争を機にオイル・ショックが襲った。狂乱物価、モノ不足だ。

否応なく金融は、国際化、自由化（規制緩和）していくことになり、その幕開けとなった。金融機関にとっては、自由化と護送船団方式の終焉である。この荒波は、当然地方の金融界も巻き込んでいった。

●ドル・オイルショックからバブル経済へ、金融再編の幕開け

当時岡山地方は、山陽新幹線岡山開通（四十七年）、瀬戸大橋着工（五十三年）など大型事業が目白押しで、田中内閣の日本列島改造ブームにも乗って、異常な盛り上がりが続い

ていた。その中で、政府・日本銀行の低金利政策が続いた。
結果、海外からも資金が流入し、過剰流動性のカネ余りとなり、余剰資金が株や土地に回った。いわゆる、資産バブルであり、金融機関もそれを煽りに煽った。同六十一年ごろの状態である。

同六十三年七月、バーゼル合意でＢＩＳ規制が決まった。これは、金融機関の自己資本比率に関する国際規準を定めたもので、日本の金融機関の活動を制限するべく設けられたようなものだった。

このような金融の国際化、資産バブルに対して、政策当局も金融引き締めに転換。昭和六十四年から平成二年にかけてバブルが弾けた。金融機関は、一転、抱え込んだ不良資産に悩まされることになる。

岡山県内の場合をみると、昭和六十年（一九八五）代から、地域経済は急速に国際化が進んでいた。

工作機械や自動車部品の業界がアメリカなどに進出、繊維関連も韓国や中国など人件費の安い東南アジア方面に、製造の場所を求めて動き始めていた。

これに対し、地元の金融機関には、それら地元企業の海外取引を積極的にサポートする体制が求められてきつつあった。中国銀行の例をみると――。

昭和六十三年十一月、同行初の海外拠点となるニューヨーク駐在員事務所を開設した。当時、アメリカと取引を伸ばしている岡山県内企業が増えつつあった。それらの企業の資金ニーズに応えるのが進出の目的ではあったが、同行自身、国際化の進展に対応して、最新の金融経済情勢を収集しようとの狙いもあったはずだ。

●中国銀行も海外拠点作りに乗り出す

続いて平成元年十一月、香港駐在員事務所、同三年九月にはロンドン駐在員事務所とたて続けに海外拠点を新設。同三年十一月には、ニューヨークの駐在員事務所を支店に昇格した。これは、同行初の海外支店であった。

その後も整備は進み、同六年三月には香港支店を開設、同八年五月上海駐在員事務所、同十年七月シンガポール駐在員事務所を開設している。いずれも取引のある地場企業をサポートして行くための拠点づくりである。

日本の金融業界に求められていたのは、急速に進む自由化、国際化の中で如何に銀行間競争に耐えうる体質強化を図るかということだった。ここから金融機関の再編がスタートする。日本の金融政策当局が、長く金科玉条として守ってきた護送船団方式は、すでに過去のものとなってしまった。

●バブル崩壊で不良債権丸抱えの金融機関次々破綻

バブル崩壊の影響は、即、金融機関を直撃した。多額の不良資産を抱え込み、経営は急激に悪化した。

ふりかえると、昭和六十三年度（一九八八年度）の全国銀行の当期利益は、二兆三四〇〇億円と過去最高を記録していた。儲けのピークである。ところが、バブル崩壊で急転、急坂を転がり落ちるように収益悪化を招き、平成七、九、十年度には全業態で赤字決算に陥った。

平成元年のバブル崩壊直後から、資産価値下落による金融機関の不良債権問題が取りざたされ、経営内容の健全性と透明性が求められた。ディスクロージャーである。耐えられない銀行は、再編か破綻かの道しか残されていなかった。

破綻の状況をみると、同六年、東京協和信用組合、安全信用組合が破綻、続いて東京コスモ信用組合、大阪木津信用組合が続いた。破綻は普通銀行にも及び兵庫銀行、太平洋銀行、阪和銀行、生命保険では日産生命保険、証券では三洋証券と続いた。以前は想像だにしなかった大手の北海道拓殖銀行（平成九年）、山一証券（同）も破綻に追い込まれた。

岡山県でも同様だった。経営破綻し自主廃業したり、同業に吸収される金融機関が相次いだ。同三年の岡山富士信用組合（笠岡信用組合に吸収合併）をスタートに、西大寺信用金庫（岡山市民信用金庫に吸収合併）、新見信用金庫（備北信用金庫に吸収合併）、倉敷・中村証券（自主廃業）、真庭信用組合（岡山信用組合に吸収合併）、玉野信用金庫（破綻後おかやま信用金庫と合併）、岡山信用金庫（岡山相互信用金庫に吸収合併）と続いた。

このような破綻した金融機関の不良債権などを処理する公的整理機関として、平成八年九月、整理回収銀行が設立されている。

●日本版ビッグバンで急激な国際化と資本の自由化進展

バブル崩壊後、景気は〝忘れられた十年〟とされる複合不況に突入してしまう。この中で同八年十一月、首相、橋本龍太郎は「金融制度の抜本的改革」を表明する。日本版ビッグバンである。

バブル崩壊後、空洞化した東京市場をニューヨークやロンドン並みの国際市場に改革しようというものだ。金融システムの改革が大胆に進められ、異業種の参入やメガバンクが認められ、地方銀行の再編も始まった。

同十二年我が国初めてのみずほホールディングスが誕生、同十三年三菱東京フィナンシャル・グループ、UFJホールディングス、三井住友銀行が発足。次々と大手都市銀行グループによる再編が続いた。

これら再編は、地方銀行グループにもおよび、同十三年せとうち銀行と広島総合銀行がもみじホールディングスを設立している。

この再編の動きは、現在も進行しており、見通しもついていない。

旧日本銀行岡山支店(現・ルネスホール)

日本銀行岡山支店。昭和62年新築移転、すぐ南側に中国銀行本店

第三部 金融戦争の実態

「第八十六国立銀行跡―中国銀行発祥の地」記念碑（高梁市）

第一章　岡山初の銀行「第二十二国立銀行」の殿様商売と盛衰

岡山に「第二十二国立銀行」が創立されたのは、明治十年（一八七七）九月である。岡山では初めて〝銀行〟と呼ばれるもので、全国で二十二番目に設立されたため、この名称となった。

明治維新で禄を失った旧藩士の窮状を見るに見かねて、上級藩士だった花房端連、新庄厚信、杉山岩三郎らが尽力して、士族に交付された金禄公債を安全有利に運用して、旧藩士らの生活を保証しようと設立した。このため、大口株主には、池田慶政ら歴代岡山藩主を中心に旧士族が名前を連ねた。

杉山岩三郎

初代頭取には、一番熱心に「計画と利害得失をじゅんじゅんと説き、熱情と誠意を持ってことに従った」花房端連が就任した。そして岡山区船着町に本店を置き、同十一月十五日から営業を開始した。

初めての銀行だっただけに、初物好きの岡山っ子の関心は強かった。ところが、もともと武家の商法の類であったためか、その営業ぶりたるや士族丸出しで尊大そのもの。世間からは厳しい不評を買ってしまった。

まず店頭。頭取を筆頭に行員はほとんどがお侍上がりかその子弟。羽織袴姿で、くわえてお侍時代の気分で対応するため、一般庶民にとっては、威圧感を感じるばかり。決算書を見ると、実際報告の項目には「人民ヨリ借」とか「人民へ貸」の表現。お客さんは〝人民〟なのである。「預金者も頭を下げて、おそるおそる窓口へ金を差し出し、どちらがお客かわからない」ありさまだったとか。

しかし、〝風〟は銀行側に吹いた。窓口が士族的であろうと幼稚であろうと、利ザヤが大きい分だけに儲けは出た。貸出金利は年一二～一四パーセントだったが、融資先は厳しく選別し、比較的安全な華族と商業者で七割程度を占めていた。

それでも一般の金利水準が、いわゆる〝高利貸し〟の状態にあったため、資金需要はあった。これに対し預金金利は七～八パーセントだった。このため、開業当初から毎期一

岡山初の国立銀行だった「二十二銀行本店」(明治36年12月新築移転)

安田銀行岡山支店(旧二十二銀行・大正8年1月)

割二分以上の利益配当をしていたという。

このため、同行の成功は、県内の資産家層の間に「銀行は儲かる」との意識を与えてしまい、明治十年代から同三十年代にかけての未曾有の私立銀行設立ラッシュにつながっていった。

同三十年一月に国立銀行条例の改正に伴って同行は、私立銀行「二十二銀行」に転換した。そして業績の方は、その後も順調に拡大し、県内では圧倒的規模を誇る地場銀行として、その存在感を強めていく。

●明治三十四年の金融恐慌で救済を受け東京・安田銀行傘下へ

やや風向きが変わるのは、日清戦争後の好況が終わった同三十四年の金融恐慌からである。大阪からの金融不安が岡山に飛び火し、これが二十二銀行への取付け騒ぎにつながった。取付け自体は「遅滞なく支払いに応じた」ため沈静化した。

が、この苦境時、取締役として経営を仕切っていた杉山岩三郎が、親交のあった東京・安田銀行の安田善次郎に救済を求め、支援を受け入れたことから、同年七月、安田銀行傘下に入らざるをえなくなった。

大正時代に入ると、県内でも乱立していた銀行の統合と規模拡大が叫ばれ始め、各地で銀行の再編が動き出した。同八年、大原孫三郎中心の「第一合同銀行」が誕生。強力な地場銀行ライバルの出現だった。このため、以降、二十二銀行は徐々にシェアを喰われ、県内トップバンクの地位を奪われていく。

二十二銀行は、その後、同十二年、安田銀行を中心に傘下十一行が大合併することになったため、安田銀行に吸収され、「岡山の地場銀行」の地位を去った。

その後、県内店舗は安田銀行の支店（後、富士銀行からみずほ銀行へ）と変わっていった。二十二銀行は、岡山で由緒あるナンバーワン銀行でありながら、都市銀行に吸収される運命をたどった。

第二章　由緒正しき「第八十六国立銀行」は中国銀行の淵源

中国銀行が自行の〝淵源〟とする第八十六国立銀行が、備中国の拠点、高梁に設立されたのは、明治十二年（一八七九）五月である。国立銀行条例によって設立された県内第一号の第二十二国立銀行設立から遅れること約一年半、それでも県内二番目という好スタートだった。

明治維新で〝朝敵〟とされた備中松山藩の城下町は、維新後、高梁と改称されていた。その高梁で、国立銀行設立の動きが出てきたのは同十年秋ごろからである。朝敵の立場だっただけに、松山藩では藩主の板倉家をはじめ、藩の減封、士族の減禄などが他の藩以上に厳しく行われた。そのぶん、士族の困窮ははなはだしかったという。

救済のための国立銀行設立に向けて、中心的役割を果たしたのが、山田方谷門下で旧松山藩士の漢学者、三島毅（中洲）だった。三島はすでに上京して官職にあったが、士族の窮状を慨嘆して同十年秋、銀行界の大御所で第一国立銀行頭取、渋沢栄一らに私案を示

（表面）

（裏面）

第八十六国立銀行が発行した紙幣（5円札）

し、設立準備に入った。

こうして設立準備は渋沢らの協力もあって順調に進み、銀行の形ができあがった。それによると、行名は「第八十六国立銀行」、資本金は八万円、本店は高梁町、頭取には神戸秋山、支配人は堀周平。旧藩主や士族を中心にした経営体制となっており、同十一年二月大蔵省に提出、同十二月開業免許が下りた。

ところが事態急変。開業を目前にした同十二年四月十五日、頭取予定の神戸秋山が急逝したのだ。急遽、支配人に就任予定の堀周平を頭取に昇任させ、印刷の済んでいた紙幣は「秋山頭取、堀支配人」のまま発行、ともかく同年五月一日開業式を盛大に開き、営業を開始した。

開業式には県や銀行関係者、地元名士ら多数を招待、時の県令、高崎五六は「商業の繁盛を謀り、交通の利便を開くは銀行に如くもの無し」との祝辞を寄せた。開業式に続いて祝宴があり、山陽新報は、街中では深夜まで提灯をともして祝い、翌日からは周辺の学校の生徒が連日銀行見学にやってきたと伝えている。

●山田方谷精神を引き継ぎ堅実経営を貫く

華々しく開業した銀行ではあったが、その地域の経済規模からみて、小規模の銀行ではあった。開業時の全行員は十三人でこの内七人が取締役、残り六人が実務担当者。その後十九人に増えたが、同三十年までほとんど増減はなかった。同十二年末の総預金は三万一千円でしかなかった。

一方、経営の方は、山田方谷精神の流れを引くだけに、堅実経営を貫き利益率は高く、その利益はできるだけ内部留保に回すなど、地道な経営努力を続けていた。このため、金融恐慌時にも経営不振に落ち込んでいない。

同三十年には、普通銀行「八十六銀行」に転換。同三十三年七月からは、地元実業家の柳井重宣が普通銀行になってから二代目の頭取に就任。業容を拡大発展させた。その状況は、大正に入っても四年ころまでは変化がなかったものの、同五年になって動きが出てきた。第一次世界大戦による大戦景気の波及によって預金が急増、一方で貸出は低迷し、経営の見通しが立てにくくなってきた。地方小銀行の経営は大きな曲がり角に立たされたわけだ。

折から、県内銀行の大合併構想が持ち上がっていた。ついに同八年、県下六銀行合併による「第一合同銀行」が誕生した。

この合併構想には、八十六銀行も岡山県から参加を強く要請されており、柳井頭取もことここに至り合併を決断せざるをえなかったよう。同九年一月、八十六銀行は第一合同銀行に吸収合併された。県下二番目の創立という歴史を持ちながら、合併構想では中核たりえず、岡山の金融史からその名を消した。

柳井重宣

あえて、中国銀行の〝淵源〟を探すとするなら、小規模なりといえども地道な経営努力を続け、堅実経営を貫きとおしたところにあるのかもしれない。

今、高梁川沿いの同行跡地には「第八十六国立銀行跡　中国銀行発祥の地」と書かれた石碑が残されている。

第三章　産業組合、無尽、たくましく生き延びる庶民金融

国立銀行や私立銀行が激しい設立競争を繰り広げる中で、一方で庶民金融も負けじと業績を伸ばしている。国立や私立の銀行勢が相手にしているのは、士族や上層の商人らばかり。一般庶民や農民、小商工業者らは相手にしてもらえていなかった。

その相手にしてもらえていない小農民や小商工業者に対する金融である。政府が実施したのは、明治二十九年の農工銀行法と同三十三年の産業組合法の施行である。当時、これらの層に対する金融は、高利貸とされる金銭貸付業者や質屋、融通講程度だった。

産業組合法に基づく産業組合の設立については、政府や県が熱心に推奨した。そして、同三十四年四月、岡山市に第一号、保証責任原料購買組合が生まれた。

この産業組合は、小商工業者を主対象としており、貯金の扱いや組合員への資金供給、それに資材商品の購入売買などを手掛けていた。このため、物品の購入を巡って当の組合と売り込みを図る商人との間で、激しい対立が起きることもあったという。

その後、組合は、岡山購買信用組合、上伊福信用販売購買組合、岡山県信用組合連合会、信用組合岡山市民金庫、岡山活版印刷業信用購買組合など、順次結成が進み、同四十年には九十六組合、組合員数約九千二百十九人に上った。

大正になっても増え続け、元年には三百十六組合、ピークの同十三年には県内で四百五十五組合（組合員数約十二万人）まで増殖している。

その中で、大正六年、産業組合法が一部改正され、市街地信用組合が誕生。同信用組合が従来の金融を扱うこととなった。さらに、戦後 昭和二十六年六月の信用金庫法の施行によって、市街地信用組合は中小企業専門の金融機関として順次、信用金庫へと改組する。

岡山県内の場合、改組は同年十月の岡山、倉敷、玉島、玉野、津山の五金庫を皮切りに十二月に岡山相互、岡山市民、西大寺、同二十七年高梁、新見、吉備、日生、片上、水島、同二十八年牛窓と、十五信用組合全部が信用金庫へと移行した。

市街地信用組合から信用金庫への名称変更にあたって、当時の関係者は大きな決断をする。つまり、同様に名称変更する無尽や信託勢がいずれも「相互銀行」とか「信託銀行」と銀行名を名乗っていたため、あえて「儲け主義の〝銀行〟のようにはなりたくない」「〝銀〟行より〝金〟庫の方が上だ」と、信用金庫と決めたとか。当時の関係者のプライドや、さすがである。

明治二十九年に公布された農工銀行法によって設立されたのが、岡山県農工銀行（同三十一年、岡山市）である。農業者に対する長期低利の資金を供給するための特殊銀行である。このため、資本金百万円の内訳は、三割を岡山県が持ち、残りを県下の郡市長の勧誘で集めたというものだった。

従来から、農業者の多くは貸金業者や小銀行からの搾取の対象とされていただけに、同銀行の設立は農民にとってそれなりの役割を果たした。

同行はその後、戦時体制のもとで昭和十九年九月、これも特殊銀行だった日本勧業銀行に吸収され、役割を終えた。

●「無尽」会社は金融恐慌が起きれば人気上昇

一方で、江戸時代から庶民の間の相互扶助組織として定着していた無尽講、頼母子講といった無尽組織も、明治時代に入って大規模な営業目的のものまで発生、悪質な業者も出ていたという。このため、政府は大正四年、無尽業法を制定、規制している。

しかし、この無尽制度は庶民にとって自由に参加でき、比較的手軽にお金が得られるということもあって、金融恐慌が起き、銀行への不信が高まると逆に人気が出るというあり様。明治から大正、昭和にかけて、末端の庶民金融を担ってきたといえる。

この最初の無尽会社が生まれたのが大正二年で、県下一円を営業区域とする興国無尽（岡山市）だった。その後、東備無尽（大正五年、岡山市）岡山金融無尽商会（大正十四年、岡山市）別所無尽商会（昭和二年、岡山市）中国無尽（昭和六年、津山市）と設立が続き、昭和六年十一月、倉敷市方面を営業エリアに設立された倉敷無尽は、後のトマト銀行に繋がる会社である。

無尽会社は、大衆的な庶民金融機関として順調に支持を得ていくが、昭和十年代の戦時体制になると、国は金融機関の一府県一社主義を強力に押し付けてきた。同十五年十一月倉敷無尽、興国無尽、別所無尽が合併し、「三和無尽」となり、さらに同十八年九月、三和無尽と中国無尽が合併。

三和無尽の県下一社体制となった。同二十年六月二十九日の岡山空襲で本店を焼失、終戦を迎える。

無尽会社は、同二十六年の法改正で順次、相互銀行に転換、さらに平成元年順次普通銀行に転換し現在に至っている。三和無尽は、三和相互銀行から山陽相互銀行になり、普通銀行への転換と同時にトマト銀行と改称している。

第四章　日銀岡山支店、木村副総裁出席し華々しく開店

正面にコリント様式の巨大な円柱四本をあしらい、いかにも荘厳な雰囲気を漂わせた日本銀行岡山支店店舗が竣工したのは、大正十一年（一九二二）三月だった。

同月二十九日、同支店本館一階営業場で開業披露宴が賑やかに催された。本店から木村清四郎副総裁が出席、招待されたのは、岡山県知事、師団長、各郡市長ら、それに銀行界から大原孫三郎ら代表の顔が揃っていた。主役は、支店開設に強力な推進役となった木村と、地元・第一合同銀行頭取の大原だったろう。

支店は四月一日、日本銀行十五番目の支店としてオープンした。当日早朝、支店の前には〝貯金通帳第一号〟の獲得を目指す数人の一般市民の姿があったという。「日銀では一般の貯金は扱わない。お引き取りを…」との守衛の説明にはなかなか納得せず、最後には当直の行員が出て説明、なんとかお引き取り願ったとか。

この貴重なる貯金通帳の第一号は、大手・安田銀行との合併目前だとはいえ、当時、県

内のトップバンクだった二十二銀行に手渡された。

岡山支店開設には、岡山出身で副総裁職にあった木村が動いた。経済規模の拡大によって、地元には支店誘致の声が強く上がっていたからだ。当時、岡山は大阪支店の管轄にあり、国庫金の支払いや銀行券の発行など、金融決済に不便をかこっていた。

しかし、すでに山陽筋には、下関（明治二十六年開設）と広島（同三十八年開設）に支店があることから、なかなか順番が回ってこなかった。大正三年には岡山商業会議所が支店設置の要望を決議していた。

木村が説得のためあげた理由は①岡山、香川両県の営業区域及び経済規模からみると岡山に支店があってもおかしくない②第一次世界大戦後の反動恐慌の余韻が収まっていないのに中小銀行が乱立する岡山には、中央銀行の指導が必要である③岡山と香川・善通寺には陸軍の師団があり、さらに鉄道、専売局の拡張計画もあり、国庫金支払いの増大が予想される—。

要は、香川分をくっつけることにより、岡山の支店開設理由を強めたということ。これで日本銀行と大蔵省を説得し、大正九年に岡山支店開設が本決まりした。木村がいなければ、岡山支店の早期開設はなかったといえる。

日本銀行では、これをうけて、岡山市内山下にあった岡山医学専門学校と岡山県病院の移転跡地を購入し支店建築に着手。設計は、元日本銀行技師長だった長野宇平治、施工は藤木工務店。大正十年一月着工、翌十一年三月竣工。

本館は、鉄筋コンクリートの柱と床にレンガ積みの壁を併用する複合構造の二階建てで、レンガ積み壁の外側に花崗石を貼った重厚な石造り風古典様式の建物。営業場床の大理石模様張り、および一階天井の漆喰装飾など、古代ギリシャ古典様式の装飾にも特色がある。柱のない二層吹き抜けの広い営業場や、正面に並ぶ巨大な四本のコリント式オーダーの独立円柱も大きな特徴。

この円柱を含め岡山支店の建物は、古典様式建築家として知られる長野の代表作の一つ。また、翌年起きた関東大震災以降、レンガ造りは耐震性に劣るとして、用いられなくなったため、岡山支店は日銀最後のレンガ造り建築ともなった。店舗は、昭和二十年六月二十九日の岡山大空襲にも、真っ黒に塗られたコールタール姿で耐え抜いた。

開店当時の体制は、大塚小一郎支店長以下二十一人だった。最初の取引は二十二銀行

開設初期の日本銀行岡山支店

で、同年中に岡山、香川県下の十三行が取引をスタートさせた。

支店開設の効果は広範に及び、岡山県内の経済拡大に大いに役立った。大正十一年六月には岡山手形交換所が開設され、同十二年七月には岡山銀行集会所（後の岡山県銀行協会）も設立されている。一方で、その後の岡山県内の銀行再編合併にも指導的役割を発揮することとなる。

同支店店舗は、昭和六十二年新店舗の完成移転に伴い岡山県に売却され、その後、国の有形登録文化財に登録、現在は多目的ホール「ルネスホール」（平成十七年九月オープン）として民間の手で運営活用されている。

第五章　金融恐慌・取付けの嵐、岡山の銀行界を激変させる

銀行にとって、取付けほど恐ろしいことはあるまい。一瞬にして預金者からNOを突き付けられ、命運を絶たれてしまう。明治以降、数回、岡山県下でもこの金融恐慌による取付けが発生しており、結果として銀行界は激変している。

岡山県内で初の取付けとなったのは、明治三十二年（一八九九）九月の岡山銀行（同二十七年設立）だった。同行大阪支店で不祥事が発覚し取付けを受け、それが本店に及んでしまった。

同行は、岡山市内で最初の普通銀行として設立され、一時は、二十二銀行の尊大な殿様商売に比べて庶民的だとして人気を集め、二十二銀行に並ぶくらいの実績を上げていたが、この取付けを期に営業不振に陥り、結局解散に追い込まれた。

その後は一時平穏だったが、同三十四年（一九〇一）になって金融恐慌の嵐が岡山に波及してきた。当時、産業界は、日清戦争後の好景気（バンザイ景気）の反動で深刻な不況

に見舞われていた。

同年六月、密接な関係にあった井原織物に火災が発生、これを機に八月、井原銀行（井原）に取付けが起こった。同行はもともと経営不安がささやかれていただけに、主要融資先の火災で預金者の不安が一気に高まった。この井原銀行の取り付けを機に、こちらも経営不振の風評があった共益銀行（玉島）にも取付けが発生、臨時休業から破算に追い込まれた。

続いて、御野銀行（岡山）も八月十四日、ご丁寧に玄関口に「近々臨時休業したし」の張り紙を掲示、取付けが進む中で同二十三日預金の支払い停止、二十六日破産宣告。同行は県内での銀行倒産第一号となった。

これらの取付けに影響されて、八月十九日早朝から岡山市内の各銀行窓口には一斉に預金者が押し寄せ、余波が県内全域に及ぶのに時間はかからなかった。他に、加島銀行岡山支店、二十二銀行、山陽商業銀行、岡山貯蓄銀行などが激しい取り付けを受けた。

とくに、当時、県内トップバンクだった二十二銀行の場合は、同三十二年末ごろから取引先への救済融資が増加し、一方で借入金も急増、経営状態が悪化しているところへ同三

山陽新報

四月二十一日

夕刊

宮内省の金庫

十五銀行休業發表

支店卅六、出張所六十一

宮内省は日銀へ移さん

岡山支店休業

『實に案外である』と

―銀行側では語る―

金融恐慌・当時を伝える新聞（山陽新聞社提供）

十四年四月、他行との間での紛争が新聞報道され、預金者の不審を呼び、八月に一気に取付けに火が付いた。取付けにより引き出された金額は四十五万円（同三十四年六月期預金高百四十五万円）にもなったという。

これに対し同行では、実際の経営に当たっていた杉山岩三郎取締役らが、杉山と親交のあった東京・安田銀行の創立者・安田善次郎に支援を要請。安田はこれを受け入れ、同行は安田銀行傘下に入り、再出発を図ることとなった。

県下第一号の国立銀行として誕生、トップバンクに育っていた地元銀行「二十二銀行」は、この取付けの後、大手都市銀行傘下になってしまった。その後大正十二年、安田銀行に吸収合併され、四十六年の歴史に幕を閉じた。安田銀行は戦後、富士銀行につながっていく。

同三十四年の金融恐慌は、乱立していた小規模銀行をふるいにかけ、弱小銀行の集中化を進めるという、金融機関淘汰の期間だったといえる。

つぎに起こる過去最大の金融恐慌・取付けは、昭和二年に起こる。

この取り付けは二波に分けて襲ってくる。最初の第一波は、三月十四日の国会で時の大蔵大臣、片岡直温の失言が発端となった。

「渡辺銀行という東京の有力銀行が支払い不能となった」――

現実には、懸命の対応策がまだ模索されていた段階だったが、この失言で努力は水泡に帰し、翌十五日、渡辺銀行は休業のやむなきに至った。これを機に東京、横浜方面の多くの銀行が取り付けを受けた。しかし、岡山の場合は、あまり影響を受けず比較的平穏に推移するかにみえた。

ところが、四月十八日、近江銀行が突如休業を発表、台湾銀行も神戸の大手商社、鈴木商店の破産を機に休業に追い込まれた。「一般の動揺はその極に達し、銀行の良否を問わず全国に渡って取付け騒ぎが発生」した。第二波が岡山に襲ってきたのだ。

当時の模様について、日本銀行岡山支店が本店に送った電文が、そのすさまじさを物語っている。以下、電文の内容である。

○四月一九日発信

「当地第一合同銀行ハ頭取ガ近江銀行重役ナルヨリ色々ノ噂タチ、本日ヨリ郡部支店並ニ岡山合同貯蓄銀行ニ稍々目立チタル預金ノ引出アリ」

○四月二〇日発信

「県下後月郡西江原銀行、本日ヨリ向フ三週間臨時休業ス」

「西江原銀行ノ休業ニヨリ預金者ノ動揺激甚、岡山合同貯蓄銀行、第一合同銀行福山、笠岡、味野支店ノ取付止マズ、漸次他ノ支店へ波及ノ模様アリ成行キ懸念セラル」。

○四月金融報告

「二十日県下後月郡ノ西江原銀行ナルモノ休業シタルヨリ人心ノ不安ハ県下南部一帯ニ拡ガリ、福山、笠岡方面ノ取付激烈トナリ、同日第一合同銀行ノ支払高八百万円、合同貯蓄銀行一五〇～一六〇万円、合計カレコレ一〇百万円ノ多キニ達シタリ。

合同系ノ銀行ノ状況重大トナルニ連レ、加島銀行支店以外山陽銀行モマタ南部支店ニ動揺ヲ来タシ、当夜当店ニ特別融通ヲ申込ムモノ多ク不安ノ裡ニ二十一日ヲ迎エタルカ、翌早朝十五銀行ノ破綻発表アリ、一層財界ノ混乱センコトヲ憂慮シタルニ、前日来ノ状勢ハ一変シ、十五銀行ノ蹉跌ニヨリ一般ノ注意ハ大銀行ニ転ジ支店銀行ハ何レモ取付ラレ殆ンド平素割引取引シタル事ナキ安田、山口、鴻池支店ノ如キ特別融通ヲ交渉シ来ル有様トナルヨリ、当店貸出ハ最高三千四百万円ノ多キニ達セリ」。

この大混乱は、政府の全国一斉休業（四月二十二、二十三日。二十四日は日曜日＝三連休＝）措置と三週間のモラトリアム実施という非常手段で、沈静化に向かった。

　この金融恐慌は、次の銀行合併再編を生み、県下では、勢力を二分していた、第一合同銀行と山陽銀行の大合併へとつながっていく。

第六章　孫三郎の〝策略〟あり「中國銀行」の誕生

「山陽銀行は肺病の第三期にあり、第一合同銀行は急性肺炎に罹っており、両行とも瀕死の重態だった」——。昭和四年（一九二九）当時、日本銀行岡山支店の支店長だった君島一郎は、両行の内実をこのように分析していた。

それほど、第一合同銀行（大原孫三郎頭取）も山陽銀行（土居通博頭取）も苦境に立たされていた。同二年の金融恐慌が尾を引き、瀕死の状態というのだから、まさに破綻間際になっていたのだ。それだけに、この時期こそ、宿命のライバルといえる両行を合併に追い込む絶好期だと、政府・日本銀行は判断したのかもしれない。

マイナス同士を合併させ、新銀行として再生させようという非常に難しい対応の末誕生いたのが、同五年十二月発足の「中國銀行」なのである。

中心として動いたのは、津山出身で前大蔵次官の黒田英雄、同じく矢掛出身の元日本銀行副総裁の木村清四郎らだった。

合併を目指す第一合同銀行、山陽銀行、そして大原孫三郎には、それぞれにお家の事情があった。

まず、第一合同銀行。同行は大正八年、大原の倉敷銀行を核に六行が合併し発足したもので、営業区域は県の南西部が主体。県トップ銀行を目指そうと、本店をあえて岡山市内に持ってきたものの、岡山市内は、二十二銀行の他県外勢の勢いも強く、苦戦を強いられていた。

くわえて、昭和二年の恐慌時、激しい取付けを受けた傷は癒えておらず、主要取引先の繊維業界の不振の影響もあって、内情は苦しかった。それだけに、大原孫三郎の倉敷紡績に融資している五百万円を返済してもらわないことには、年末決済を乗り切れない状況だった。

山陽銀行は、南下政策で積極的に地域の中小銀行を無理してまで合併してきたため、多額の不良資産を抱え込んでいた。さらに株価暴落の影響も及び、緊急に打開策をとる必要に迫られ、第一合同銀行以上に窮状にあった。資産家として知られる土居家にとっても苦しかった。

大原孫三郎も立場は苦しい。第一合同銀行頭取として、倉敷紡績への融資の返済は求めるものの、大原の手掛ける事業の中核たる当の倉敷紡績は米綿大暴落の影響をまともにう

地方産業の開發を目指す
全國有數の「中國銀行」生る
頭取大原孫三郎氏、副頭取土居通博氏
その使命は重且大である

大藏當局の慫慂する
一縣一行の理想實現
當務者も産業合理化に目醒めて
合併に至る經過の大要

兩行の沿革
群小銀行を合併して

新陣容成る
合銀十一名、山銀六名
監査役は三名

寫眞説明

新使命を背負ふ當務重役
山銀側から三名入行

新銀行設立の謝辭

新銀行の前途を祝福す
香坂岡山縣知事談

地方大銀行の「よい」お手本だ
君島日銀支店長談

支店長の顔觸
二十一日附で任命

ゴシップ

「中國銀行」誕生を伝える昭和5年12月22日付山陽新報（山陽新聞社提供）

けて、こちらも瀕死状態、とても返済できる余裕はなかった。

そこで大原が考えたのは、日本興業銀行の財界救済特別融資の導入だった。この特別融資を受けて、倉敷紡績は第一合同銀行に借入金を返済し、倉敷紡績も内容の改善を図ろうというもの。

大原は、時の蔵相、井上準之助や木村清四郎らに強力に働きかけ、幸いにもこの特別融資六百万円を引き出すことに成功した。これで、合併に優位な立場を得た大原は合併の実現に向けて動き出す。

一方で、一県一行体制実現に執念を燃やす政府・日本銀行は、第一合同銀行と山陽銀行両行に出納検査などを実施するなど〝圧力〟をかけ、さらに強力な合併勧告をしていた。

そこで大原は、ある策を弄した。日銀の木村や日本興業銀行理事だった公森太郎を通じて、大蔵省側から強制的に合併を勧告してもらう方策をとった。これをうけて政府・大蔵側が両行に合併を勧告、具体的に大蔵主体の合併交渉が動き出した。

大蔵省は、両行トップを極秘裏に上京させ、逃げられないようにした上で強圧的に説得、十月十四日に合併仮契約書に調印させた。完全に第一合同銀行に山陽銀行を吸収するような、大原孫三郎主導の合併劇であった。

新銀行「中國銀行」は、同五年十二月二十一日創立。本店を旧第一合同銀行本店所在地に置き、資本金は一千五百万円、総預金量九千二百万円という全国有数の銀行誕生となった。新体制は、初代頭取に大原孫三郎、副頭取に土居通博が就任した。

しかし、華々しい新銀行の誕生とは裏腹に、早急に解決すべき課題も多かった。競合する営業区域が多いだけに競合する店舗の整理統合をどうするかの問題。持ち越されている人員整理をどう進めるかの難問も残っていた。

両行が抱えている不良資産問題をどう処理するかの難題も残ったまま。それらの問題を解決しない限り、合併効果、合理化効果は決して生まれない。

早速、創立二年目の同六年末から同七年にかけては、不良債権整理問題が流布され、緩慢ながら取付けが起きている。剛胆で聞こえた大原も「この時ばかりは前後二週間ほど夜の目も寝ずに苦悩し続けた」という。

このときも、木村清四郎らの尽力で日本銀行の特別融資を得て乗り切っている。中国銀行は、このように想像以上の厳しい環境下での船出だった。

第七章　金融界も県も揺るがせた三和相互銀行不正融資事件

三和相互銀行（日下辰太社長）に大口の不正融資問題が発覚したのは、昭和三十二年（一九五七）四月のことだった。

岡山地検が、岡山県煙草耕作組合連合会と新興電機の不正経理問題を捜査している中で、新興電機と三和相互の間の不正融資が明らかとなった。同地検は四月二十三日、三和相互の本店営業部長を「返済能力を無視し法定の貸付限度を越えた不当貸付」だとして逮捕した。

三和相互の新興電機に対する融資は、不当な不正融資であるというわけだ。当時、同社に対する未回収の貸付残額は一億四千万円に上っていた。このことが世間に明らかになった以上、信用失墜は否めなかった。現実に、営業部長逮捕後数日で、二億六千万円余の預金引き出しがあったという。

三和相互は、無尽の流れを引いた岡山県内唯一の相互銀行で、融資先は中小企業中心。

もし、万一のことでもあれば、県内の中小企業や産業界に深刻な影響を与えかねなかった。ことは急を要した。

早速、知事三木行治は、岡山商工会議所会頭の伊原木伍朗と共に広島に飛んだ。中国地区相互銀行協会の会長を務め相互銀行協会の重鎮だった広島相互銀行社長、森本亨と会談するためだ。

同席したのは、中国財務局長と日本銀行広島支店長。この席で、森本がとりあえずの一億円余の資金融通を約束。各人の全面協力を取り付けた。

その会談の後、三木が漏らした言葉である。「これで一安心した…」—。

また、中央では、日銀出身で日本ヘリコプター副社長だった岡崎嘉平太(旧賀陽町出身)が関係方面に支援の働きかけを強めていた。当時、相互銀行業界内には不正融資に絡んだ経営破綻が全国的に相次いでいたこともあって「支援の必要なし」とする声も財務当局にはあったからだ。

一方、県に帰っては三木を中心に、伊原木や中国銀行頭取の守分十らが協力体制を敷き満を持した。こうして、地元の中国銀行と業界大手の広島相互銀行の支援体制が固まり、とりあえず信用不安からの預金引き出しは落ち着いたという。

関係者の懸命の努力で再建計画がまとまったのは五月末だった。計画では、自主的な再建を目指すこととし、経営陣は新社長に、県内事情にも詳しい県出身の立林文二（日本勧業銀行京都支店長）を迎え、新設する会長に岡崎嘉平太。資金的には、当初の広島相互銀行からの融通は相互保障協定資金に振り替え、さらに中国銀行や広島相互銀行などから三億円程度を準備しておくこと、など。

県内唯一だったとはいえ、地方の相互銀行に対する救済支援体制が、ここまで大掛かりになるのは珍しい。特に守分の対応は特筆されるところ。まず、高木俊二（岡山駅前支店長）を常務として、後には小坂田豪夫（取締役津山支店長）を専務として派遣するなど、人的支援は厚かった。

同三十三年には、伊原木伍朗、林原一郎（林原社長）、大本百松（大本組社長）、秋山武夫（日進ゴム社長）の四氏を顧問に就任させている。まさに三和相互救済は〝オール岡山〟体制でかつ迅速に行われたことを物語っている。

これをうけた立林社長・岡崎会長が取り組んだのは、経営陣の意識改革と行員の再教育だった。立林は「銀行員として信用を得るための服装から応接態度、言葉づかい、交友法、家庭生活のあり方についてまで全行員が守るべき指針を示した」という。

その成果が、その後の山陽相互銀行、トマト銀行への発展につながった。

立林文二

岡崎嘉平太

三和相互銀行救済問題で協議する三木知事、守分頭取ら
(岡山県庁、昭和33年3月)

第八章　高度成長、金融自由化で守分十時代終焉

こんな話がある。

昭和五十年（一九七五）代のころ、日本は列島改造ブームに乗って高度成長に沸いていた。岡山の地場企業も競って近代的な社屋を新築していた。しかし、中国銀行はというと、昭和二年建築の古色蒼然たる本店ビルだった。

丸加社長の中村健は、守分にたずねてみた。

「銀行も手狭になったようですし、お建て替えになりませんか」

守分の答えがふるっていた。

「いや、まだ全部の支店の改築ができていない。それが済んでから考えるが、自分は、この本店は大原さんや、君のお父さんが苦労して建てられたものだから、その当時の事を思うと、このままにありたい。次の代の人が必要なら考えるでしょう」。

ここでいう「君のお父さん」とは、大原孫三郎と共に第一合同銀行を創立し、以降、大

原の最側近、重鎮として、中国銀行を支えてきた元専務、中村純一郎（昭和二十五年没）のこと。

また、当時、金融業界では事務処理の電算化（コンピュータ化）が、急がれていた。

ある時、守分勉ら担当役員が、コンピュータ導入のための本店の大改造構想を立案した。一瞥して、

「諸先輩が苦心して建築された稀に見る立派な建物を醜くしてしまうのか」

と厳しく叱責されてしまった。目が怒っていた。

銀行業務の電算化については、大手都市銀行が先陣を切り、各地の地方銀行も、効率化・合理化の狙いもあって、ならって導入を進めていた。しかし、守分は積極的ではなかった。担当現場は、焦るばかりだった。

この時期、株式の公開の問題も持ち上がっていた。全国の地方銀行も競って、株式を上場していた。これにも「何の意味があるのか」と、きわめて消極的な姿勢を崩さなかった。

地元の企業から「中銀さんが上場しないのにウチが公開する訳にも…」と、断りの口実にされることまで出る始末。行政筋からも、岡山の企業の積極性のなさの象徴とされ、こ

れには中国銀行も悩んだらしい。

このように、守分十頭取時代末期には、業務の電算化問題、本店社屋建設問題、株式公開問題、国際化対応など、重要課題が山積し、意志決定が待たれていた。おりしも、昭和五十年代の金融業界は、国際化、自由化、再編の大波に襲われ、明治維新以来の大転機に立たされていた。

そして、同五十二年一月、守分十は頭取在職のまま旅立つ。頭取在位三十一年、時代は変わっていた。

後任の第四代頭取には、副頭取だった娘婿、守分勉が就任する。新頭取に課された課題は、前頭取時代からの懸案事項を急ぎ解決することだった。

守分勉は、同年総合オンラインシステムを稼働させ、同五十四年外国部新設、同五十七年新事務センター竣工、同六十年株式上場、同六十一年資本金を百十一億円に増資と手を打つ。

つぎに同六十二年、第五代頭取に稲葉侃爾が就任する。新本店が竣工するのは、バブルが弾けた後の平成四年三月になった。

守分勉頭取(左)と稲葉侃爾副頭取

稲葉頭取時代に完成した中国銀行新本店(平成4年3月)

第九章　世界を驚かせた「トマト銀行」誕生大作戦

お堅い銀行の名称に、なんと野菜の名を付けた「トマト銀行」が誕生したのは、バブル経済がピークに達していた平成元年（一九八九）四月一日だった。同日のオープンセレモニーには、国内外からの取材陣も詰めかけ〝トマト銀行〟は一気にナショナルブランド化した。

このトマト銀行を仕掛けたのが、昭和五十八年（一九八三）六月、六代目社長に就任した吉田憲治だ。吉田は、津山市の出身で同二十九年、前身の三和相互銀行に入行。取締役総務部長、同企画部長などを経て、常務、専務を歴任。五十三歳の若さで社長になった。同行初の生え抜き社長でもあった。当然、同三十二年の不正融資事件の〝悪夢〟も知っている。

吉田が社長に就任した当時の日本は、高度成長からバブル経済へ向かいつつあった時期で、金融業界も国際化、自由化、過剰流動性と大転機に立たされていた。地方の相互銀行とて決して埒外ではなかった。

「トマト」構想発表
"トマト"ロゴとキャラクター"トックン"

「トマト銀行」営業開始の日（平成元年4月1日）

同行の場合は、同三十二年以降、懸命に再建と取り組み、同四十四年山陽相互銀行への名称変更、同五十年新本店ビル完成、同六十二年株式上場と、やっと同業間でも認められる存在になってきたという段階。

それだけに、吉田にとっては、この大変革の時代に次代への飛躍をなんとしても図りたいとの想いが強かったはずだ。目前には、相互銀行業界念願の普通銀行への転換問題もチラついていた。

同六十三年当時、同行では流行りのCI（コーポレート・アイデンティティ）問題と取り組んでいた。吉田はある朝、朝食の食卓に並んだトマトを見てその〝赤〟にひらめいた。そこがトマト銀行誕生の原点となった。以降、CI委員会をリード、関係者を根気よく説得した。

当初は「行内は反対、外部識者が賛同」状態だった。行内の理解が一向に得られない中で、説明に説明を重ね、一方でネーミングテストを実施、同年八月、やっとのことで内々定、内定に持ち込んだという。吉田にとっては、行員の意識改革との格闘だったかもしれない。

こうして同八月の取締役会で、新行名「トマト銀行」と普通銀行への転換を昭和六十四年四月一日をもって実施することを決定。記者発表に臨んだ。

反応は、想像をはるかに超えたものだった。新聞、テレビ、雑誌などマスコミはこぞって同行を取りあげ、海外のテレビや経済専門誌なども取材した。その後、シンボルマークの決定や銀行歌の発表など、その都度、ニュースになった。

また、その年の新語・流行語大賞では新語部門で銅賞にも選ばれた。受賞理由は「新行名として世間の度肝を抜いた」「堅いイメージの銀行に、トマトを冠する発想の柔軟さ」。

こうして迎えた平成元年四月一日、普通銀行トマト銀行としての営業初日。本店には二千八百人が、銀行全部の五十四店で四万三千七百人余が来店。この日だけで預金は六百三十億円にのぼり、預金残高は待望の五千億円台に乗ったという。

このトマト効果は抜群で、結果、岡山県の指定代理金融機関になり、その後岡山市の指定代理金融機関にもなっている。

意表を突いた「トマト銀行」作戦は、同行を一気にナショナルブランドの銀行へと転換させた。

●岡山の銀行１５０年略年表

時代	西暦・和暦	岡山県内の主な出来事	経済・社会の動き
明治維新	１８６８年（明治元年）		大政奉還（慶應3年）版籍奉還（明治2年）
明治前期	１８７１年（明治４年）		“円”の誕生となる新貨条例制定（5月）／廃藩置県
	１８７２年（明治５年）		国立銀行条例発布（11月）
	１８７３年（明治６年）		第一国立銀行創立（6月）
	１８７６年（明治９年）		国立銀行条例改正（8月）
	１８７７年（明治10年）	県下第1号の第二十二国立銀行設立（岡山市、9月）	西南戦争勃発（2月）
〔国立銀行設立ブーム〕	１８７８年（明治11年）		
	１８７９年（明治12年）	県下第2号の第八十六国立銀行設立（高梁、5月）津山銀行設立（津山、12月）	国立銀行設立認可１５３行で打ち切り（11月）
	１８８０年（明治13年）	明十銀行（笠岡）甕江銀行（倉敷）永禄社（足守銀行の前身、足守）等設立	
	１８８１年（明治14年）		松方デフレ政策
	１８８２年（明治15年）	有信銀行（倉敷）設立	中央銀行として「日本銀行」開設（10月）
	１８８３年（明治16年）		国立銀行の紙幣発行停止（5月）

	1884年（明治17年）	井原銀行（井原）設立	
	1885年（明治18年）		「日本銀行券」（10円券）発行
［企業設立ブーム］	1888年（明治21年）	倉敷紡績所設立（3月）／大阪・加島銀行が岡山支店開設（6月）	
［初の小恐慌］	1890年（明治23年）		
	1891年（明治24年）	倉敷銀行（倉敷、大原孝四郎頭取）設立（4月）	
	1894年（明治27年）	岡山銀行（岡山）藤戸銀行（藤戸）等設立	日清戦争開戦（8月）
［企業設立ブーム］	1895年（明治28年）	下道銀行（呉妹）玉島銀行（阿賀崎）津山貯蓄銀行（津山）等設立	
［私立銀行設立ブーム］	1896年（明治29年）	美作銀行（津山）中備銀行（早島）児島銀行（味野）鴻村銀行（鴻村）山陽倉庫銀行（岡山）日笠銀行（藤戸）西江原銀行（西江原）等設立	農工銀行法公布（4月）
	1897年（明治30年）	第二十二国立銀行が普通銀行「二十二銀行」に改組（1月）／第八十六国立銀行も普通銀行「八十六銀行」に改組（7月）／土居銀行（田邑）高梁銀行（高梁）等設立	日本勧業銀行設立（6月）
	1898年（明治31年）	落合銀行（落合）等設立／岡山県農工銀行（後に第一勧業銀行）開業（2月）	

時代	西暦・和暦	岡山県内の主な出来事	経済・社会の動き
	１８９９年（明治32年）	二六貯金銀行（後の妹尾銀行）設立（津山、10月）	
	１９００年（明治33年）	成羽銀行（東成羽）山陽商業銀行（岡山）後月銀行（芳井）等設立	産業組合法公布（3月）
〔金融恐慌〕	１９０１年（明治34年）	大阪・鴻池銀行（後の三和銀行）が岡山支店開設（5月）／二十二銀行が経営不振で安田銀行（東京）傘下に（7月）／御野銀行破算（岡山、8月）／岡山県内に金融恐慌（加島銀行岡山支店、井原銀行、岡山貯蓄銀行等取付、9月）	金融恐慌
	１９０３年（明治36年）	共益銀行、鴻村銀行破綻（5月）	
	１９０４年（明治37年）		日露戦争開戦（2月）
	１９０６年（明治39年）	大原孫三郎が倉敷紡績社長・「倉敷銀行」頭取就任（9月）	木村清四郎が日銀理事に就任
	１９０７年（明治40年）	津山町信用組合設立（津山信金の前身）	
	１９０９年（明治42年）	不動貯蓄銀行（後の協和銀行）岡山代理店開設（1月）	
	１９１０年（明治43年）	二六貯金銀行が「妹尾銀行」と改称（妹尾順平頭取、4月）／岡山県銀行懇話会発会（5月）／大阪・山口銀行が岡山支店開設（7月）	韓国併合（8月）

大正時代	1912年（明治45年・大正元年）		明治天皇崩御大正へ（7月30日）
	1913年（大正2年）	岡山信用組合設立（岡山相互信金の前身、4月）／興国無尽設立（岡山市、10月）	
	1914年（大正3年）	玉島信用組合設立（玉島信金の前身、11月）	第一次世界大戦勃発／東京・大阪で株価暴落（8月）
	1915年（大正4年）	天満屋銀行設立（2月）	無尽業法公布（無尽講、頼母子講を免許制に、6月）／米価大暴落（9月）
［大戦景気］	1916年（大正5年）	岡北信用組合設立（岡山市民信金の前身、6月）／東備無尽設立（岡山市、12月）	
	1917年（大正6年）	津田銀行設立（10月）	産業組合法改正（7月）
	1918年（大正7年）	倉敷大橋銀行（倉敷町）設立（1月）	米騒動（7月）
	1919年（大正8年）	岡山市内預金利子協定（5月）／6銀行合併し「第一合同銀行」設立（本店・岡山市、大原孫三郎頭取、9月）	木村清四郎が日銀副総裁に就任（3月）
［反動不況］	1920年（大正9年）	第一合同銀行が「八十六・庭瀬・甕江」3銀行を合併（1月）	株式暴落で反動恐慌（3月～）／銀行条例改正（合併手続き簡素化、8月）
	1921年（大正10年）	十五銀行（後に帝国銀行、三井銀行）岡山支店開設（9月）	

時代	西暦・和暦	岡山県内の主な出来事	経済・社会の動き
	1922年（大正11年）	日本銀行岡山支店開設（4月）／第一合同銀行が妹尾銀行を吸収合併（6月）／岡山手形交換所開設（6月）／津山銀行が落合銀行を合併（12月）	
	1923年（大正12年）	土居、久世等6銀行合併し「作備銀行」（津山市、土居通博頭取）設立（7月）／岡山銀行集会所設立（7月）／二十二銀行が安田銀行（東京）と合併し安田銀行岡山支店に（11月）	関東大震災（9月）
	1924年（大正13年）	作備・津山銀行が合併し「山陽銀行」（津山市、土居通博頭取）設立（7月）／倉敷信用組合設立（倉敷信金の前身、7月）／芸備銀行（後の広島銀行）笠岡支店開設（12月）	
	1925年（大正14年）	住友銀行岡山支店開設（11月）／岡山金融無尽商会設立（岡山市、10月）	
昭和時代・戦前	1926年（大正15年・昭和元年）		木村清四郎日銀副総裁を辞任（11月）
［金融恐慌］	1927年（昭和2年）	金融恐慌・取付騒ぎ（西江原銀行、第一合同銀行、岡山貯蓄銀行他、4月）／別所無尽商会設立（岡山市、8月）	国会・片岡直温蔵相失言で金融大恐慌（3月）／銀行全国一斉休業（4月22－24日）／モラトリアム公布（4月）
	1928年（昭和3年）	第一合同・山陽銀トップ会談（3月）	新銀行法公布（1月）

[世界恐慌]	1929年(昭和4年)	岡山市信用組合設立(岡山信金の前身、4月)	ニューヨーク株式大暴落(10月)
	1930年(昭和5年)	第一合同銀行と山陽銀行が大合併「中國銀行」(岡山市)設立(12月)	浜口雄幸内閣(井上準之助蔵相)金輸出解禁断行(1月)／昭和恐慌(11月～)
	1931年(昭和6年)	倉敷無尽設立(倉敷市、11月)／中国無尽設立(津山市、11月)／高梁信用組合設立(備北信金の前身、11月)	満州事変勃発(9月)
	1933年(昭和8年)	日比町信用組合設立(玉野信金の前身、7月)	
	1935年(昭和10年)	中国銀行創立5周年で大原頭取「同心戮力」を説く(12月)	
	1937年(昭和12年)		日華事変勃発(7月)
	1939年(昭和14年)	土居通博逝去(12月)	第二次世界大戦勃発(9月)／物価統制令(10月)
	1940年(昭和15年)	大原孫三郎中銀頭取を退任・新頭取に公森太郎就任(1月)／中国銀行が中備銀行を吸収し県下1行体制に(5月)	大政翼賛会結成(10月)
[戦時体制]	1941年(昭和16年)	倉敷、興国、別所の無尽3社合併し三和無尽に(3月)	太平洋戦争突入(12月)

時代	西暦・和暦	岡山県内の主な出来事	経済・社会の動き
	1943年（昭和18年）	大原孫三郎逝去（1月）／岡山相互信用組合（岡山相互金庫から）と改称／三和無尽が中国無尽を吸収し県下無尽1社体制に（9月）	
	1944年（昭和19年）	岡山県農工銀行が日本勧業銀行に吸収合併される（9月）	戦時非常金融対策整備要綱（6月）
昭和・戦後［敗戦処理期］	1945年（昭和20年）		岡山県内空襲（岡山、水島）／敗戦（8月15日）
	1946年（昭和21年）	守分十中国銀行頭取に就任（4月）	金融緊急措置令（2月）／新円の交換開始（2月）
	1947年（昭和22年）	農林中央公庫岡山支所開設（4月）	農業協同組合法公布（11月）
	1948年（昭和23年）	日生信用組合設立（日生信金の前身、7月）	
	1949年（昭和24年）		ドッジライン実施（3月）
［経済復興期］	1950年（昭和25年）	商工組合中央金庫岡山出張所開設（3月）／水島信用組合設立（水島信金の前身、6月）／国民金融公庫岡山支店開設（9月）	朝鮮戦争勃発（6月）
	1951年（昭和26年）	百十四銀行玉野支店開設（8月）／広島相互銀行岡山支店開設（9月）／15市街地信用組合が信用金庫に改組／三和相互銀行（三和無尽から）誕生（10月）	三木行治岡山県知事誕生（4月）／相互銀行法、信用金庫法施行（6月）／水島工業基地開発スタート

	1952年（昭和27年）	百十四銀行岡山支店開設（1月）	日本ＩＭＦ加盟（8月）
	1953年（昭和28年）	広島銀行岡山支店開設（5月）	信用保証協会法公布（8月）
［神武景気］	1954年（昭和29年）		
	1955年（昭和30年）	住友信託銀行、安田信託銀行各岡山支店開設（3、5月）	日本ＧＡＴＴ加盟（9月）
	1956年（昭和31年）		日本が国連に加盟（12月）
［ナベ底不況］	1957年（昭和32年）	三和相互銀行不正融資事件（4月）／三和相互銀行社長に立林文二就任（7月）／国民金融公庫津山支店開設（8月）	三菱石油水島誘致（12月）
［岩戸景気］	1959年（昭和34年）	農林漁業金融公庫中国支店開設（7月）／商工組合中央金庫岡山支店昇格（9月）	
	1961年（昭和36年）		川崎製鉄水島誘致（6月）
	1962年（昭和37年）	中小企業金融公庫岡山支店開設（5月）	岡山国体（夏、秋）
	1963年（昭和38年）	鳥取銀行津山支店開設（5月）／西日本相互銀行岡山支店開設（9月）	岡山県南が新産業都市に決定（7月）
	1964年（昭和39年）	伊予銀行岡山支店開設（4月）／鳥取銀行岡山支店開設（12月）	三木行治知事逝去（9月）／東京オリンピック（10月）

時代	西暦・和暦	岡山県内の主な出来事	経済・社会の動き
[いざなぎ景気]	1965年（昭和40年）	全国信用金庫連合会岡山支店開設（11月）	山陽特殊鋼が会社更生法申請（3月）／山一証券に日銀特別融資（5月）
	1966年（昭和41年）	四国銀行岡山支店開設（7月）／三和相互銀行社長に前田勇就任（10月）	
	1969年（昭和44年）	山陰合同銀行岡山支店開設（3月）／山陽相互銀行（三和相互銀行から）と行名変更（4月）	
	1970年（昭和45年）	三井信託銀行岡山支店開設（9月）	大阪万博（3～9月）
	1971年（昭和46年）	三菱信託銀行岡山支店開設（7月）／高知相互銀行岡山支店開設（9月）	ニクソンドル・ショック（8月）
	1973年（昭和48年）		OPECオイル・ショック（10月）
	1975年（昭和50年）	広島銀行岡山南支店開設（10月）／山陽相互銀行本店ビル完成（12月）	
	1977年（昭和52年）	守分十中国銀行頭取逝去・新頭取に守分勉就任（1月）／中国銀行「岡山経済研究所」設立（9月）	
	1979年（昭和54年）	百十四銀行倉敷支店開設（12月）／広島銀行津山支店開設（12月）	第2次石油ショック（1月）
	1980年（昭和55年）		外為法改正（12月）
	1981年（昭和56年）		新銀行法制定（5月）

	1982年（昭和57年）	西日本銀行岡山・倉敷両支店開設（4月）	
	1983年（昭和58年）	山陽相互銀行社長に吉田憲治就任、前田勇会長（6月）	国債発行残高100兆円突破（6月）
	1985年（昭和60年）	中国銀行株式を大阪二部と広島証券取引所に上場（10月）	「燃えろ岡山」県民運動（4月～）／G5プラザ合意（9月）
	1986年（昭和61年）	中国銀行「吉備路文学館」開館（11月）	
［金融の国際化自由化］	1987年（昭和62年）	中国銀行頭取に稲葉侃爾就任、会長守分勉（6月）／中銀株式を大証一部へ指定替え（9月）／日銀岡山支店の新店舗完成移転（10月）／山陽相互銀行株式を大阪二部広島証券取引所に上場（10月）／中国銀行東証一部に上場（12月）	
	1988年（昭和63年）	中国銀行ニューヨーク駐在員事務所開設（11月）	瀬戸大橋開通（4月）／BIS規制・バーゼル合意（7月）
平成 ［バブル絶頂期］	1989年（昭和64年・平成元年）	トマト銀行（山陽相互銀行から名称変更し普通銀行に転換）誕生（4月）	相互銀行が一斉に普通銀行（第二地銀）に転換（2月から）／東証株価3万8915円87銭の史上最高値（12月）
［バブル崩壊］	1990年（平成2年）	中国銀行副頭取に大原謙一郎就任（6月）	「太陽神戸三井銀行」誕生（4月）

時代	西暦・和暦	岡山県内の主な出来事	経済・社会の動き
[失われた10年へ]	1991年(平成3年)	笠岡信用組合が富士信用組合を吸収合併(3月)／中銀がロンドン駐在員事務所(9月)／中銀がニューヨーク支店新設(11月)	「協和埼玉銀行」誕生(4月)／大手証券会社の巨額損失補てん発覚(6月)
	1992年(平成4年)	中国銀行新本店竣工(4月)／トマト銀行社長に吉田忠明就任、会長吉田憲治に(6月)	太陽神戸三井銀行が「さくら銀行」に改称(4月)／協和埼玉銀行が「あさひ銀行」に改称(9月)
[金融破綻と再編]	1993年(平成5年)		
	1994年(平成6年)	中国銀行が香港支部開設(3月)	東京協和信用組合、安全信用組合破綻
[護送船団方式終えん]	1995年(平成7年)	中国銀行神戸支店ビル被災(1月)／備北信用金庫が新見信用金庫を吸収合併(10月)	阪神・淡路大震災(1月)／コスモ信組、木津信用組合破綻
[日本版ビッグバン]	1996年(平成8年)	中国銀行が上海駐在員事務所開設(5月)	東京三菱銀行誕生(4月)／金融制度の抜本的改革(日本版金融ビッグバン)表明(11月)／整理回収銀行発足(9月)
	1997年(平成9年)		消費税5%にアップ(4月)／倉敷チボリ公園オープン(7月)／北海道拓殖銀行破綻(11月)／三洋証券破綻(11月)／山一証券自主廃業(11月)

1998年（平成10年）	中国銀副頭取大原謙一郎退任（4月）／中村証券自主廃業（6月）／中国銀行がシンガポール駐在員事務所開設（7月）	金融システム安定化関連二法施行（2月）／日本版ビッグバンスタート（4月）／金融監督庁発足（6月）
1999年（平成11年）	中国銀行頭取に山本吉章就任、会長稲葉侃爾（4月）	整理回収機構RCC発足（4月）／都銀など15行へ公的資金注入（3月）
2000年（平成12年）	中国銀行頭取、山本吉章退任、会長稲葉侃爾が兼務（3月）／トマト銀行が東証一部に上場（3月）／岡山相互、岡山、玉野3金庫合併の「おかやま信用金庫」誕生（3月）／中国銀行頭取に永島旭就任（6月）	金融庁発足（7月）／みずほホールディングス設立（9月）
2001年（平成13年）	岡山市民信金がおかやま信金に事業譲渡（2月）／中国銀行NY支店同時多発テロ被災（9月）／岡山県信用組合が経営破綻（12月）	UFJホールディングス発足（4月）／三菱東京フィナンシャル・グループ発足（同）ニューヨーク9・11同時多発テロ（9月）／もみじホールディングス設立（同）
2002年（平成14年）	岡山県信用組合がトマト銀行に事業譲渡（7月）／玉島信金が倉敷信金を合併（1月）	

時代	西暦・和暦	岡山県内の主な出来事	経済・社会の動き
	２００３年（平成15年）		金融機関の合併特別措置法施行（1月）／産業再生機構発足（4月）／日本郵政公社発足（4月）
	２００４年（平成16年）	もみじ銀行発足（5月）	平成の大合併（4月〜）／「振り込め詐欺」命名（12月）
	２００５年（平成17年）	日銀岡山支店旧店舗「ルネスホール」開設（9月）	ペイオフ全面解禁（4月）／三越倉敷店閉店（5月）／岡山国体（夏、秋）
	２００６年（平成18年）	トマト銀行社長に中川隆進就任（6月）	東京三菱ＵＦＪ銀行発足（1月）
	２００７年（平成19年）		日本郵政公社民営化・ゆうちょ銀行発足（10月）／イオン銀行営業開始（10月）
	２００８年（平成20年）		リーマンブラザーズ破綻（9月）／倉敷チボリ公園閉鎖（12月）
	２０１０年（平成22年）	中銀証券発足（津山証券から、5月）	ギリシャ危機勃発（5月）
	２０１１年（平成23年）	中国銀行頭取に宮長雅人就任（6月）	林原経営破綻で会社更生手続き（2月）／みずほ銀行大規模システム障害（3月）
	２０１３年（平成25年）	おかやま信用金庫創立１００周年記念で安藤忠雄設計店舗開店（4月）	
	２０１４年（平成26年）	トマト銀行社長に高木晶悟就任（6月）	

［参考文献］

岡山県史（岡山県）
岡山金融経済史（日本銀行岡山支店）
戦前戦後日本銀行金融政策史（田中生夫著）
自秀餘薫（守屋松之助編）
中国銀行五十年史（中国銀行）
中国銀行八十年史（中国銀行）
守分十頭取追悼集（中国銀行）
岡山商工会議所百年史（岡山商工会議所）
岡山経済文化史（岡長平著）
津山市史（津山市史編さん委員会）
清流（岡山日日新聞社）
瀬戸内の経済人（赤井克己著）
大原孫三郎伝（大原孫三郎伝刊行会）
大原孫三郎の経営展開と社会貢献（大津寄勝典著）
大原孫三郎の銀行政策（田中生夫著）
士栽　杉山岩三郎（渡辺知水・土師清二著）

日本現代富豪名門の家憲（国会図書館ライブラリー）
岡山市史人物編（岡山市）
おかやま信用金庫一〇〇年史（おかやま信用金庫）
たましん七〇年のあゆみ（玉島信用金庫）
元日本銀行副総裁木村清四郎の研究（田中生夫著）
山陽銀行業務報告書（山陽銀行）
和気藹々の裡（山陽銀行）
岡山人じゃが（吉備人出版）
トマト銀行80年の歩み（トマト銀行）
瀬戸内海経済レポート（瀬戸内海経済レポート）
おかやま今と昔、話の散歩（岡長平著）
守分十の世界（岡山文庫）
岡山市寫眞帖（岡山市役所）
津山商工会議所60年史（津山商工会議所）
苫田郡史（苫田郡教育会）
岡山県名鑑（杉謙二編）
株式会社二十二銀行記念寫眞帖沿革誌（二十二銀行）

〔写真協力・提供〕

○中国銀行本店（現物写真提供および『中国銀行五十年史』『中国銀行八十年史』より転載）

○トマト銀行本店（『トマト銀行80年の歩み』より転載）

○瀬戸内海経済レポート（保存写真および『岡山日日新聞社』保存写真提供）

○三木亮治氏（三木行治関連写真提供）

○『自秀餘薫』『株式会社二十二銀行記念寫眞帖』『岡山県名鑑』『岡山市寫眞帖』等から転載

○江見写真館（津山市）提供

○岡山シティミュージアム（岡山空襲写真提供）

○岡崎嘉平太記念館（岡崎嘉平太写真提供）

おわりに

本稿を取材する中で一番印象的だったことは、「火は燃えないうちに消せ」という言葉である。金融論の田中生夫教授は、木村清四郎論の中で「波乱に富む大正期において古典的国民経済像を根底にして〝火は燃えないうちに消せ〟との金融政策ルールを守り抜くバンカーに木村は徹した」と分析されている。

「金融は経済の血液」だとも「金融は経済の動脈」だともいわれている。このような経済社会の中で金融は、金融政策ルールはどうあるべきなのか、複雑な課題だった。

木村が副総裁在任時、総裁は積極論の井上準之助だった。金融環境も国際環境も当時と著しく変わったとはいえ、現在の黒田東彦日銀総裁のやみ雲な〝バズーカ砲〟的積極対応が、果たしてどんな結果を生むのか、気にかかった。

金融政策が、時の政権により、常に慎重論と積極論とに揺れるのは分かるにしても、金融が経済の血液であり動脈である以上、金融政策ルールは〝燃えないうちに消せ〟が基本だと思った。

本誌では、岡山県内における金融を銀行におおむね絞って、それらの歴史をまとめた。それは、政府・日銀の金融政策に翻弄されながらの合併と淘汰の歴史であった。

取材の中で、銀行関係者によりまとめられた多くの回顧録や記念写真帖に出会った。そこからは、敗者や勝利者のそれぞれの想いや本音がひしひしと伝わってきた。お金を巡る欲得の人間模様である。歴史はその繰り返しで、今後も繰り返すことでしょう。

銀行のみならず金融業界は、経済のグローバル化の中で今後、急速に大きく変化していくと思います。地方の金融業界とて同じです。注目していきたいと思っています。

金融業界は、経済社会を支える本当に奥深い重要な分野であることが改めて実感された。それに比べてあまりにも表層的な内容になったかもしれないが、今後、皆さんが金融業界を研究されるうえでの導入編、きっかけとしていただければ著者として幸いである。

取材・編集にあたっては、金融機関関係者をはじめ多くの方々にご協力をいただいた。ありがとうございました。

猪木　正実

平成二十八年二月

著者略歴　猪木正実（いのき・まさみ）

1945（昭和20）年3月、岡山県井原市生まれ。県立井原高校から九州国際大学法経学部卒。国際法専攻。昭和44年3月、㈱岡山日日新聞社入社。報道部で岡山市政、岡山県政、経済を担当。同56年3月、㈱瀬戸内海経済レポートに転籍。同63年4月から編集長。常務取締役を経て平成20年4月から顧問。主な著書（岡山文庫）『土光敏夫の世界』『守分 十の世界』『三木行治の世界』ほか。

岡山文庫　299　岡山の銀行 ―合併・淘汰の150年―

平成28年2月20日　初版発行

著　者　猪　木　正　実
編　集　石井編集事務所書肆亥工房
発行者　塩　見　千　秋
印刷所　株　式　会　社　二　鶴　堂

発行所　岡山市北区伊島町一丁目4-23　日本文教出版株式会社
電話岡山(086)252-3175㈹　振替01210-5-4180(〒700-0016)
http://www.n-bun.com/

ISBN978-4-8212-5299-2

● 岡山県の百科事典

二百万人の **岡山文庫**

○数字は品切れ

- (1.) 岡山の植物・西原礼之助
- 2. 岡山の祭と踊・神野力
- (3.) 岡山の焼物・桂又三郎
- 4. 岡山の古墳・鎌木義昌
- 5. 岡山の民家・鶴藤鹿忠
- 6. 岡山の文学碑・山本遺太郎
- 7. 岡山の仏たち・脇田秀太郎
- 8. 岡山の動物・松本邦夫
- 9. 岡山の鳥・杉鮫太郎
- 10. 大原美術館・藤田慎一郎
- 11. 岡山後楽園・宗定克則・杉鮫太郎
- 12. 岡山歳時記・吉岡三平
- 13. 岡山の建築・巌津政右衛門
- 14. 瀬戸内海・緑川洋一
- 15. 岡山の民芸・外村吉之介
- 16. 吉備路・神野力
- 17. 岡山の魚・青木五郎
- 18. 岡山の昆虫・倉敷昆虫同好会
- 19. 岡山の城と城址・藤井駿・市川俊介
- (20.) 岡山の果物・三宅忠一
- 21. 岡山の風物・岡山県広報協会
- 22. 吉備の女性・吉岡三平
- (23.) 岡山の伝説・立石憲利
- 24. 岡山の酒・小出巌・西原礼之助
- (25.) 岡山の街道・山陽新聞社
- 26. 岡山の絵画・脇田秀太郎・巌津政右衛門
- (27.) 水島臨海工業地帯・平方与平
- 28. 岡山の旅・岡山県観光連盟
- 29. 蒜山高原・二若・富国・徳山
- 30. 岡山の歌謡・英玲二
- (31.) 岡山の遺跡めぐり・間壁忠彦・葭子
- 32. 備前焼・小山冨士夫・藤原雄・中村昭夫
- 33. 岡山文学風土記・大岩徳二
- 34. 美作路・小山健三
- 35. 岡山の俳句・塩尻青笳・島津青沙
- 36. 岡山音楽夜話・保田太郎
- 37. 閑谷学校・巌津政右衛門・坂本一夫
- 38. 岡山の川柳・弓削川柳社
- 39. 岡山の民話・岡山民話の会
- (40.) 岡山の刀剣・小林種次
- 41. 岡山の短歌・杉鮫太郎・藤原幾太郎
- 42. 岡山の医学・中山沃
- 43. 岡山の藺草・鈴木尚夫・中村昭夫
- (44.) 岡山の人物・黒崎秀明
- 45. 岡山の駅・難波数丸
- 46. 岡山の現代詩・坂本明子
- 47. 岡山の交通・藤沢晋
- 48. 岡山の教育・秋山和夫
- (49.) 備中神楽・山根堅一・坂本一夫
- 50. 岡山の民具・鶴藤鹿忠
- (51.) 岡山の宗教・長光徳和
- 52. 吉備津神社・藤井駿・坂本一夫
- 53. 岡山の貨幣・原三正
- (54.) 岡山の古戦場・多和和彦
- 55. 岡山の石造美術・巌津政右衛門
- 56. 岡山の方言・十河直樹
- 57. 岡山の歴史・柴田一
- 58. 岡山事物起源・吉岡三平
- (59.) 高梁川・宗田克巳
- (60.) 岡山の干拓・吉岡三平・進昌三
- 61. 岡山の電信電話・萩野秀
- 62. 吉備高原・宗田克巳
- 63. 岡山のおもちゃ・吉永義光
- 64. 吉井川・宗田克巳
- 65. 岡山の港・巌津政右衛門
- 66. 岡山の絵馬と扁額・脇田秀太郎
- (67.) 旭川・宗田克巳
- 68. 岡山の温泉・石井猛・圓堂稔
- 69. 岡山の県政史・蓬郷巌
- 70. 岡山の道しるべ・巌津政右衛門
- 71. 岡山の笑い話・稲田浩二・和子
- 72. 美作の歌舞伎芝居・二宮朔山
- (73.) 岡山の民間信仰・三浦秀宥
- (74.) 岡山の奇人変人・蓬郷巌
- 75. 岡山の食習俗・鶴藤鹿忠
- 76. 岡山の明治洋風建築・中力昭
- 77. 山陽路の地理散歩・宗田克巳
- 78. 岡山の風俗・蓬郷巌
- 79. 岡山の海藻・大森長朗
- (80.) 岡山の書・佐藤英夫
- 81. 岡山浮世噺・岡長平
- 82. 岡山の神社仏閣・市川俊介
- 83. 中国山地・三浦秀宥・竹内平吉郎
- 84. 岡山の島・巌津政右衛門
- 85. 岡山の山と峠・宗田克巳
- 86. 吉備の石ぶみ・井上雄風
- (87.) 岡山の怪談・佐藤米司
- 88. 岡山の自然公園・山陽カメラクラブ
- 89. 岡山の漁業・西川太
- 90. 岡山の天文気象・石田五郎・佐橋謙
- 91. 岡山の郵便・萩野秀
- (92.) 岡山の鉱物・沼野忠之
- 93. 岡山のふるさと村・巌津政右衛門
- 94. 岡山の経済散歩・吉永義光
- 95. 岡山の庭・山本利幸・前田勝也
- 96. 岡山の匠・浅原健
- 97. 岡山の童うたと遊び・立石憲利
- 98. 岡山の衣服・福尾美夜
- 99. 岡山の民俗・土井卓治・佐藤米司・鶴藤鹿忠
- (100.) 岡山の樹木・西原礼之助・古屋野寛

101. 岡山と朝鮮・西川　宏
102. 岡山の和紙・臼井英治
103. 岡山の艶笑譚・立石憲利
104. 岡山の文学アルバム・山本遺太郎
105. 岡山の映画・松田完一
106. 岡山の石仏・巌津政右衛門
107. 岡山の橋・宗田克巳
108. 岡山のエスペラント・岡　一太
109. 岡山の狂歌・蓬郷　巌
110. 百間川・岡山の自然を守る会
111. 夢二のふるさと・真田芳夫・葛原茂樹
112. 岡山の梵鐘・川端定三郎
113. 岡山の演劇・山本遺太郎
114. 岡山話の散歩・岡　長平
115. 岡山地名考・宗田克巳
116. 岡山の戦災・野村増一
117. 岡山の町人・片山新助
118. 岡山の会陽・三浦　叶
119. 岡山の石・宗田克巳
120. 岡山の滝と渓谷・川端定三郎
121. 岡山の味風土記・岡　長平
122. 目でみる岡山の明治・巌津政右衛門
123. 岡山の散歩道東西・佐藤米司
124. 目でみる岡山の大正・蓬郷　巌
125. 児島湾・同前峰雄
126. 岡山の庶民夜話・佐上静夫
127. 岡山の修験道の祭・川端定三郎
128. 目でみる岡山の昭和Ⅰ・蓬郷　巌
129. 岡山のふるさと雑話・佐上静夫
130. 岡山のことわざ・佐藤・次田・竹内・福尾
131. 目でみる岡山の昭和Ⅱ・蓬郷　巌
132. 瀬戸大橋・ＯＨＫ編
133. 岡山の路上観察・香川・河原
134. 岡山の相撲・二宮朔山
135. 岡山の古文献・中野美智子
136. 岡山の門・小出公大
137. 岡山の内田百閒・岡　将男
138. 岡山の彫像・蓬郷　巌
139. 岡山の名水・川端定三郎
140. 両備バス沿線・両備バス広報室
141. 岡山の明治の雑誌・片山・来田・菱川
142. 岡山の災害・蓬郷　巌
143. 岡山の看板・河原　馨
144. 由加山・原　三正
145. 岡山の祭祀遺跡・八木敏乗
146. 岡山の表町・岡山を語る会
147. 逸見東洋の世界・臼井洋輔
148. 岡山ぶらり散策・河原　馨
149. 岡山名勝負物語・久保三千雄
150. 坪田譲治の世界・善太と三平の会
151. 備前の霊場めぐり・川端定三郎
152. 藤戸・原　三正
153. 矢掛の本陣と脇本陣・武・中山・岡田・池田・柴口
154. 岡山の図書館・黒﨑義博
155. 岡山の戦国時代・松本幸子
156. 岡山の資料館・河原　馨
157. カブトガニ・惣路紀通
158. 正阿弥勝義の世界・臼井洋輔
159. 木山捷平の世界・定金恒次
160. 岡山の備前ばらずし・窪田清一
161. 良寛さんと玉島・森脇正之
162. 備中の霊場めぐり・川端定三郎
163. 岡山の多層塔・小出公大
164. 六高ものがたり・小林宏行
165. 下電バス沿線・下電編集室
166. 岡山の博物館めぐり・川端定三郎
167. 岡山の民間療法(上)・鶴藤鹿忠・竹内平吉郎
168. 吉備高原都市・小出公大
169. 玉島風土記・森脇正之
170. 洋学者箕作阮甫とその一族・木村岩治
171. 夢二郷土美術館・松田基・椙原雄一
172. 岡山のダム・川端定三郎
173. 岡山の森林公園・河原　馨
174. 宇田川家のひとびと・水田楽男
175. 岡山の民間療法(下)・鶴藤鹿忠・竹内平吉郎
176. 岡山の温泉めぐり・川端定三郎
177. 阪谷朗廬の世界・山下五樹
178. 目玉の松ちゃん・尾上松之助・中村房吉
179. 吉備ものがたり(上)・市川俊介
180. 中鉄バス沿線・中鉄バス(株)企画部
181. 飛翔と回帰―国吉康雄の西洋と東洋・小澤善雄
182. 岡山の智頭線・河原　馨
183. 出雲街道・片山　薫
184. 備中高松城の水攻め・市川俊介
185. 美作の霊場めぐり・川端定三郎
186. 吉備ものがたり(下)・市川俊介
187. 津山の散策にしひがし・黒田晋・竹内平吉郎
188. 倉敷福山と安養寺・前川　満
189. 鷲羽山・山本慶一・西田正憲
190. 和気清麻呂・仙田　実
191. 岡山たべもの歳時記・鶴藤鹿忠
192. 岡山の源平合戦談・市川俊介
193. 岡山の氏神様・二宮朔山
194. 岡山の乗り物・蓬郷　巌
195. 岡山・備前地域の寺・川端定三郎
196. 岡山ハイカラ建築の旅・河原　馨
197. 牛《うし》窓《まど》を歩く・前川　満
198. 岡山のレジャー地・倉敷ぶんか倶楽部
199. 斉藤真一の世界・斉藤裕重・イシイ省三
200. 巧匠 平櫛田中・原田純彦

201. 総社の散策・神野力・葛原克人・加藤信二
202. 岡山の路面電車・楢原雄一
203. 岡山ふだんの食事・鶴藤鹿忠
204. 岡山のふるさと市・倉敷ぶんか倶楽部
205. 岡山の流れ橋・渡邉隆男
206. 岡山の河川拓本散策・坂本亜紀児
207. 備前を歩く・前川満
208. 岡山言葉の地図・今石元久
209. 岡山の和菓子・太郎良裕子
210. 吉備真備の世界・中山薫
211. 柵原散策・片山薫
212. 岡山の岩石・野瀬重人・沼野忠之
213. 岡山の能・狂言・金関猛
214. 岡山の鏝絵・赤松壽郎
215. 山田方谷の世界・朝森要
216. 岡山おもしろウオッチング・おかやま路上観察学会
217. 岡山の通過儀礼・鶴藤鹿忠
218. 日生を歩く・前川満
219. 備北・美作地域の寺・川端定三郎
220. 岡山の親柱と高欄・渡邉隆男
221. 西東三鬼の世界・小見山輝
222. 岡山の花粉症・三好・難波・岡野・山本
223. 操山を歩く・谷淵陽一
224. おかやま山陽道の拓本散策・坂本亜紀児
225. 霊山熊山・仙田実
226. 岡山の正月儀礼・鶴藤鹿忠
227. 原子物理学の父 仁科芳雄・井上泉・イシイ省三
228. 赤松月船の世界・定金恒次
229. 邑久を歩く・前川満
230. 岡山の宝箱・臼井洋輔・臼井隆子
231. 平賀元義を歩く・渡部秀人・竹内佑宜
232. 岡山の中学校運動場・奥田澄二
233. おかやまの桃太郎・市川俊介
234. 岡山のイコン・植田心壮
235. 神島八十八ヶ所・坂本亜紀児
236. 倉敷ぶらり散策・倉敷ぶんか倶楽部
237. 作州津山 維新事情・竹内佑宜
238. 坂田一男と素描・妹尾克己・イシイ省三
239. 岡山の作物文化誌・臼井英治
240. 児島八十八ヶ所霊場巡り・倉敷ぶんか倶楽部
241. 岡山の花ごよみ・前川満
242. 英語の達人・本田増次郎・小原孝
243. 城下町勝山ぶらり散策・橋本惣司・倉敷ぶんか倶楽部
244. 高梁の散策・朝森要
245. 薄田泣菫の世界・黒田えみ
246. 岡山の動物昔話・立石憲利・江草昭治
247. 岡山の木造校舎・河原馨
248. 玉島界隈ぶらり散策・小野敏也・倉敷ぶんか倶楽部
249. 岡山の石橋・北脇義友
250. 哲西の先覚者・加藤章三
251. 作州画人伝・竹内佑宜
252. 笠岡諸島ぶらり散策・NPO法人かさおか島づくり海社
253. 磯崎眠亀と錦莞莚・吉原睦
254. 岡山の考現学・おかやま路上観察学会
255. 「備中吹屋」を歩く・前川満
256. 上道郡沖新田・安倉清博
257. 続・岡山の作物文化誌・臼井英治
258. 土光敏夫の世界・猪木正実
259. 吉備のたたら・岡山地名研究会
260. いろはで綴る ボクの子供事典・赤枝郁郎
261. 民話の里 鏡野町伝説紀行・立石憲利・片田知宏
262. 笠岡界隈ぶらり散策・ぶらり笠岡友の会
263. つやま自然のふしぎ館・森本信一
264. 岡山の山野草と野生ラン・小林克己
265. 文化探検 岡山の甲冑・臼井洋輔
266. ママカリ ヒラに まったりサーラ・窪田清一
267. 岡山の駅舎・河原馨
268. 守分 十の世界・猪木正実
269. 備中売薬・土岐隆信・木下浩
270. 倉敷市立美術館・倉敷市立美術館
271. 津田永忠の新田開発の心・柴田一
272. 岡山ぶらりスケッチ紀行・南一平・網本善光
273. 倉敷美観地区 歴史と民俗・吉原睦
274. 森田思軒の世界・倉敷ぶんか倶楽部
275. 三木行治の世界・猪木正実
276. 岡山路面電車各駅街歩き・倉敷ぶんか倶楽部
277. 赤磐きらり散策・高畑富子
278. 岡山民俗館 民具一〇〇選・岡山民俗学会
279. 笠岡市立竹喬美術館・笠岡市立竹喬美術館
280. 岡山の夏目金之助(漱石)・横山俊之・熊代正英
281. 吉備の中山を歩く・熊代哲士・熊代建治
282. 備前刀 日本刀の王者・佐藤寛介・植野哲也
283. 繊維王国おかやま今昔・猪木正実
284. 温羅伝説・中山薫
285. 現代の歌聖 清水比庵・笠岡市立竹喬美術館
286. 鴨方往来拓本散策・坂本亜紀児
287. 玉島旧柚木家ゆかりの人々・倉敷ぶんか倶楽部
288. カバヤ児童文庫の世界・岡長平
289. 野﨑邸と野﨑武左衛門・猪木正実
290. 岡山の妖怪事典 妖怪編・木下浩
291. 松村緑の世界・黒田えみ
292. 吉備線各駅ぶらり散策・倉敷ぶんか倶楽部
293. 「郷原漆器」復興の歩み・高山雅之
294. 作家たちの心のふるさと・加藤章三
295. 自画像の異彩画家 河原修平の世界・倉敷ぶんか倶楽部
296. 岡山の妖怪事典 鬼・天狗・河童編・木下浩
297. 歴史・伝承・文学・アート 岡山の魅力再発見・柳生尚志
298. 井原石造物歴史散策・大島千鶴
299. 岡山の銀行 合併・淘汰の150年・猪木正実
300. 吹屋ベンガラ・臼井洋輔